Dear Mel,

this is one of my favourite writers, I hope you'll like it!

Teaching in your campagny has been a real pleasure, you've made me feel at ease and you're feedback has been extremely helpfull because concise and clear. I hope I haven't intimidated you too much sitting in my corner taking notes! Your way of teaching has set me very good examples though I haven't always been able to use it wisely. You're an excelent teacher and you must remember that.

I wish you all the best.

Thanks for everything.

I hope I'll get to see you again one day.

XXX Esmé.

10/18

Sur l'auteur

Jørn Riel, né en 1931 au Danemark, est bercé pendant toute son enfance par les récits de voyages de Knud Rasmussen et de Peter Freuchen. C'est là, au domicile familial de Copenhague, qu'il construit son imaginaire. En 1950, Jørn Riel s'engage dans les expéditions du Dr Lauge Koch pour le nord-est du Groenland et y reste seize ans. Il en rapporte une bonne vingtaine d'ouvrages. Son œuvre est dédiée pour une part à Paul-Émile Victor — les deux hommes se sont côtoyés sur l'île d'Ella —, pour l'autre à Nugarssunguaq, la petite-fille groenlandaise de Jørn Riel. Elle comprend la série des « Racontars arctiques », fictions brèves ayant pour héros les mêmes trappeurs groenlandais amoureux de cet être absent de la banquise : la femme, et des trilogies : « La Maison de mes pères » et « Le Chant pour celui qui désire vivre ». Après un détour chez les Papous dans *La Faille*, Jørn Riel est revenu au Groenland avec *Le Canon de Lasselille et autres racontars* (Éditions Gaïa, 2001) et une nouvelle trilogie, « Le Garçon qui voulait devenir un être humain » (Éditions Gaïa, 2002). Son dernier roman, *Les Ballades de Haldur et autres racontars*, a paru aux éditions Gaïa en 2004. Il vit aujourd'hui en Malaisie, « histoire de décongeler », comme il se plaît à le dire.

JØRN RIEL

UN GROS BOBARD

et autres racontars

Traduit du danois
par Susanne JUUL
et Bernard SAINT BONNET

10
18

« Domaine étranger »

dirigé par Jean-Claude Zylberstein

GAÏA ÉDITIONS

Du même auteur
aux Éditions 10/18

« Les Racontars arctiques »

LA VIERGE FROIDE et autres racontars, nº 2861
UN SAFARI ARCTIQUE, n° 2906
LA PASSION SECRÈTE DE FJORDUR, nº 2944
UN CURÉ D'ENFER, nº 2997
LE VOYAGE À NANGA, nº 3027
▶ UN GROS BOBARD et autres racontars, nº 3368

Trilogie « La Maison de mes pères »

UN RÉCIT QUI DONNE UN BEAU VISAGE, tome I, nº 3159
LE PIÈGE À RENARDS DU SEIGNEUR, tome II, n° 3204
LA FÊTE DU PREMIER DE TOUT, tome III, nº 3247

Trilogie « Le Chant pour celui qui désire vivre »

HEQ, tome I, nº 3279
ARLUK, tome II, nº 3314
SORÉ, tome III, nº 3347

LE JOUR AVANT LE LENDEMAIN, nº 3456
LA FAILLE, nº 3669

Titre original :
En lodret løgn og andre skrøner

ISBN 2-264-03436-X

Avertissement

Tous ceux qui ont voyagé dans le nord-est du Groenland hocheront la tête, reconnaissant nombre de ces récits. Ceux qui ont vécu sur cette Riviera arctique pendant un certain temps pourront certifier que ce que j'ai consigné ici est absolument véridique, avec cependant, peut-être, quelque pudique tendance à la litote.

Ce livre est dédié aux nombreux malheureux qui n'ont pas eu la chance de connaître ce pays unique à temps.

Jørn Riel, Zaïre, 1986

GROENLAND
Scoresbysund
Godthaab
ROSS BAY
Lodvig
FIMBUL
Valfred, Le Lieutenant Hansen
CAP THOMPSON
Mads Madsen, William-le-Noir
GROVER BAY
Le Comte, Valmorsen
LA CABANE DU VENT
Siverts
BJØRKENBORG
Bjørken, Museau, Lasselille
GUESS GRAVE
Herbert, Anton
CAP RUMPEL
Doc, Mortensen
Le Fjord de l'Empereur Franz Joseph
HAUNA
Fjordur
Le Fjord du Roi Oscar
10
50
100 km

Le gigolo

... où la morale est sauve, mais de justesse.

Le Lieutenant Hansen fêtait ses quarante ans. Ce fut un événement qui attira des amis de tous les coins, chacun tenant à honorer le militaire de jadis qui allait maintenant passer à la deuxième et probablement la meilleure partie de sa jeunesse. *Grosso modo*, son cheminement sur terre avait été facile, bien que les mœurs militaires lui aient valu autrefois des pieds endoloris. Mais les années en Arctique avaient transformé ce fatras en quelque chose d'utile dont Hansen pourrait profiter durant les quarante années à venir. Ainsi, on pouvait dire qu'Hansen avait quitté la vie militaire comme on quitte la maternelle, et qu'en grandissant, à l'aide de ce pays somptueux et de ses nombreux amis, il était devenu un chasseur Hansen irréprochable.

Lodvig arriva bon dernier. Avec à ses trousses une terrible tempête de neige qui soufflait si violemment que les chiens en furent soulevés au bout de leurs chaînes et auraient probablement péri étranglés si on ne les avait pas libérés à temps. Les débris de la cabane de distillation dynamitée au temps du curé d'enfer furent emportés si haut sur les coteaux de Fimbul par les bourrasques que personne ne pourrait plus jamais les en ramener. Le vent levait la neige et le Lieutenant Hansen dut sortir tirer des coups de feu avec son vieux 89 pour permettre à Lodvig de trouver la maison.

Mais la tempête resta sur le seuil de la maison. On entendait bien sûr ses hurlements et l'on sentait sa puissance quand elle se jetait sur la cabane de Fimbul et tentait de l'arracher à ses fondations. Les poutres du plafond grinçaient et gémissaient, et les bourrasques les plus violentes faisaient trembler la table de sorte que les verres et les bouteilles s'y égaillaient joyeusement. C'était un peu comme si la Nature en personne souhaitait honorer le Lieutenant en ce jour mémorable.

Comme d'ordinaire lors des longues tempêtes en Arctique, on passa le temps en discutailles. D'abord, on attaqua par le répertoire d'histoires que tout le monde connaissait déjà et, une fois celles-ci épuisées, les plus anciens des chasseurs en vinrent aux récits d'autrefois, lesquels étaient à la fois utiles et ô combien instructifs pour les plus jeunes.

Siverts démarra avec « l'homme taciturne » dont seuls les plus vieux sur la côte se souvenaient. Il avait été parmi les premiers chasseurs expédiés par la Compagnie nouvellement créée. C'était un homme étrange qui n'avait pas débâillé un mot durant tout l'hiver que Siverts et lui avaient passé ensemble à la Cabane du Vent.

— Mais il grognait, expliqua Siverts, et la nuit, il grondait d'un air méchant dans son sommeil. C'était un compagnon renfermé et peu amène qui, en toute circonstance, restait le bec obstinément clos, ce qui le fit considérer comme muet.

Siverts secoua la tête en y repensant.

— Ce fut une année difficile, avoua-t-il, et c'est peu

dire que j'étais soulagé quand, l'été suivant, je l'ai vu rembarquer à Cap Thompson.

Il leva les yeux et regarda son actuel compagnon, le Petit Pedersen.

— C'est seulement quand il fut dans la yole avec les matelots d'Olsen, en route pour la *Vesle Mari*, qu'il se mit debout en nous menaçant, nous tous alignés sur la plage, de son poing fermé. Puis il hurla haut et fort, de manière que tout le monde entende bien : « Bande de trous du cul ! »

Le silence se répandit autour de la table. Les anciens pensaient à l'homme taciturne, et les jeunes avaient la bouche pleine de questions qu'ils n'osaient pas poser. Bjørken profita du silence pour se lancer dans une de ses dissertations philosophiques.

— Cet homme taciturne était un cas psychologique très intéressant que je serais capable, aujourd'hui, de vous ouvrir avec un minimum d'analyse, aussi facilement qu'une boîte de corned-beef. Mais, à l'époque, mes connaissances en matière de nature humaine étaient considérablement plus modestes qu'aujourd'hui, et j'étais pour ainsi dire impuissant. Cela dit, à ce moment-là déjà, je me doutais du fait qu'il portait en lui un secret.

Bjørken déroula son dos du mieux qu'il le put, renversa la nuque et parla au plafond.

— Le secret d'un secret repose justement, comme vous le savez tous, dans ce qu'il a de secret, mes amis. Et l'on peut parfois se trouver délivré d'un secret par un regard, un geste, une action ou ce qu'on appelle un mot clé.

Il se recroquevilla dans sa position naturelle, se pencha sur la table et promena son regard de visage en visage, un sourire de renard au coin des lèvres.

— Dis donc, Bjørk, s'exclama Lasselille, impressionné, t'es vraiment doué pour dire les choses comme elles sont !

Il n'avait pas saisi un traître mot à tout ce baratin.

Museau ôta ses lunettes et grogna, opiniâtre :

— Balivernes, tout ça, Bjørk. Un secret, c'est un secret, ça n'a jamais été un secret pour personne.

Mads Madsen se frotta le nez avec sa pipe pour en bien graisser le fin bois de bruyère.

— L'homme taciturne n'avait aucun secret, parbleu. Il n'aimait pas être ici et il nous détestait tous, v'là tout.

Le sourire de Bjørken s'élargit. Ses amis s'étaient ferrés à l'hameçon. Avec un peu d'habileté, il pourrait disserter sur le sujet jusqu'à la fin de la tempête, c'est-à-dire, dans le meilleur des cas, trois bons jours. Il cligna joyeusement des yeux en direction de Museau.

— Alors, c'est donc ton avis, Museau. Ha, ha, et toi, Mads Madsen, toi qui devrais pourtant en savoir un peu plus ?

Bjørken susurra, mielleux :

— Je peux peut-être rappeler à ces messieurs l'histoire du gigolo ?

— Quel rapport avec le gigolo ? grommela Mads Madsen.

La voix doucereuse de Bjørken avait quelque chose d'agaçant.

Museau se leva pour aller voir si le seau à charbon n'avait pas besoin d'être rempli. Il préférait sortir dans la tempête plutôt qu'écouter les conférences de Bjørken. Mais le seau était plein, et Museau se réinstalla à table avec un soupir.

— Qui était le gigolo ? demanda Lasselille.

— Ah ! répondit Bjørken. C'était un jeune chasseur qui arriva ici probablement à peu près à l'époque où toi tu voyais le jour.

— Tu veux raconter quelque chose sur lui, Bjørk ?

— Volontiers, mon jeune ami. Parce que l'histoire du gigolo va justement éclairer toute mon argumentation en ce qui concerne la notion de secret.

Bjørken scruta encore une fois les visages des autres, et comme il y lut un certain intérêt, il se frotta joyeusement les mains et commença :

— Avant de relater ces événements étranges et historiques, je voudrais toutefois, pour l'ambiance, et parce que c'est les quarante ans d'Hansen, me permettre de poser sur la table une bouteille de Jamaïque.

Il eut un mouvement de tête à l'adresse de Lasselille qui, prestement, bondit chercher le rhum dans le grand sac du traîneau de Bjørken. Valfred, dans sa couchette, se réveilla au moment où le bouchon était délicatement extirpé de son goulot. Il regarda le Lieutenant d'un air contrit.

— Dis, petit Hansen, si ça te dérange pas, tu pourrais p't-être m'apporter un verre bien plein. J'sais bien que c'est ton anniversaire, mais y a si peu de place autour de la table, ça en fera plus si je reste dans ma couchette, pardi.

Hansen remplit de rhum un quart émaillé et le tendit à Valfred.

— Que Dieu te bénisse, Hansen. Puisses-tu jouir encore de quarante bonnes années ici à Fimbul !

Il but, regarda Hansen au plus profond des yeux et but encore. Puis il déposa le quart sur l'étagère où reposait son dentier et se renversa dans la couchette avec quelques grognements de satisfaction, ses grosses mains rouges pieusement jointes sur son ventre.

Bjørken prenait son temps. On remplit les verres, on trinqua et l'on hurla par deux fois les rituels triples hourras en l'honneur du Lieutenant. C'est seulement au moment où Petit Pedersen se mettait, toussotant, en devoir de porter un toast, que Bjørken coupa court :

— Toi, Pedersen, tu ferais bien d'écouter l'histoire du gigolo. Parce que c'était un homme avec des problèmes un peu du même acabit que les tiens à l'époque où t'es arrivé ici. Je vais essayer de raconter cette histoire dans les moindres détails, sans me laisser perturber par les interruptions pernicieuses de Museau ou les digressions comparatives de Valfred du genre « Ouais, à une époque j'ai connu un type à Ringsted... ».

Lasselille leva un doigt.

— Perniquoi ?

Le regard de Bjørken enveloppa son ancien apprenti de beaucoup de tendresse.

— Pernicieux veut dire « avec un zeste de cruauté », mon garçon. Comme quand Museau se met subitement à remuer du charbon au beau milieu d'un récit des plus intéressants, ou quand il disparaît tout simplement dehors au lieu d'essayer d'élargir son horizon borné.

— Ah, d'accord.

Lasselille hocha la tête et Bjørken continua :

— Ce que je vais raconter maintenant date d'une période où tu n'étais peut-être même pas né, ou bien où tu n'étais qu'un minuscule morveux dans les jupons de ta Scanienne de mère. La Compagnie elle aussi était jeune, ainsi que nous, les chasseurs qu'elle envoyait ici. À l'époque, exactement comme maintenant, nous avions pour habitude d'aller jusqu'à Cap Thompson pour y attendre l'arrivée du bateau d'approvisionnement, une tradition qui, au fil des années, a considérablement raccourci les trajets du capitaine Olsen, vu qu'il était de moins en moins obligé de remonter les fjords pour débarquer sa camelote. Du sud venaient

Vieux-Niels et Halvor qui faisaient le plus long voyage pour venir. Herbert venait de Guess Grave qui a toujours été sa station à lui. Il ramassait au passage le Comte à Grover Bay parce que le Comte n'avait pas plus de bateau à l'époque qu'aujourd'hui. Siverts descendait du nord avec Valfred, ainsi que Lodvig, toujours en retard et qui, à cette époque-là, n'avait pas de moteur à sa yole et était donc obligé de ramer tout du long.

Bjørken eut un sourire ému à l'évocation de ces souvenirs.

— C'était comme si les voyages à Cap Thompson étaient plus splendides à cette époque-là que maintenant. Le pays était jeune, et nous aussi. Le printemps plus lumineux, et les attentes plus grandes. À terre les bruants des neiges piaillaient partout avec ravissement, et dans le ciel au-dessus du bateau passaient d'épais nuages d'oies et de canards. Les perdrix des neiges caquetaient avec arrogance dans la montagne qu'elles partageaient avec d'innombrables hordes de bœufs musqués ivres de soleil.

Une violente bourrasque fit osciller dangereusement la lampe du plafond. Les hommes regardèrent patiemment vers la lumière jaunâtre de la lampe à pétrole, et c'est seulement quand elle eut à peu près retrouvé son calme que Bjørken continua.

— Une année, la *Vesle Mari* arriva tôt. Insolemment tôt. Nous autres, on était quand même à nos postes sur le banc pour commenter la traversée des glaces par le capitaine Olsen. Cette année-là lui fut particulièrement facile d'ailleurs, parce que la glace était relativement dispersée, et Olsen arriva à manœuvrer sa coquille de noix jusqu'à la côte sans avoir à monter une seule fois dans le tonneau.

« Nous, on était donc, comme toujours, alignés sur

le banc. À l'extrême droite, William, en anorak blanc avec sa cravate de perles par-dessus, une mode qu'il avait contractée lors d'un séjour au Cap Sud, auprès de la veuve Amanda Labansen, laquelle était sa fiancée du moment. William était assis, avec, comme chaque fois qu'il pense, la mâchoire inférieure en avant, ce qui le fait ressembler à un singe en pleine méditation.

Bjørken sourit à William qui lui renvoya chaleureusement son sourire.

— J'ai toujours dit, continua Bjørken, qu'il y avait en toi quelque chose de préhistorique, William. La mâchoire proéminente, les cheveux noirs et laineux dont les racines poussent jusqu'aux sourcils réunis ; si tu veux bien prendre cela comme un compliment, j'irai jusqu'à dire que tu représentes un beau spécimen survivant de Néanderthal.

Le compliment fit rougir William, et Bjørken laissa glisser son regard du Norvégien jusqu'au Comte.

— Le Comte, lui aussi, était à cette époque très bien habillé au moment du passage du bateau. Il portait un faux col en celluloïd, une veste tirée à quatre épingles et un pantalon de marin avec braguette de violeur et pli au fer. J'étais moi-même assis à côté du Comte, droit et alerte comme toujours, et toute la vigilance de mon intellect aux aguets. À ce moment-là, je n'étais pas encore propriétaire de ma longue-vue télescopique et je n'étais donc pas en mesure de transmettre à mes amis réunis des informations concernant d'éventuels passagers à bord de la *Vesle Mari.* À ma gauche, il y avait une place vide, celle de Lodvig, et puis une autre place vide, celle de Vieux-Niels. Après ces deux trous se trouvait Mads Madsen. Il était tantôt assis, tantôt debout sur le banc, ou encore en train de marcher fébrilement de long en large. Herbert, lui, se tenait tranquille, les yeux mi-clos, l'air de méditer : Herbert ne s'intéressait pas particulièrement au bateau. Comme vous le savez, Herbert est un homme qui préfère vivre sans penser au passé ni au futur. Il évolue dans le présent, et comme le bateau n'était pas encore arrivé, ça ne pouvait pas encore l'intéresser. Et comme c'était Herbert qui possédait à l'époque la longue-vue télescopique, ça rendait difficile toute possibilité d'être informé sur d'éventuelles présences étrangères sur le pont de commandement. Il fallut pas mal de sommations avant qu'Herbert, avec un soupir, consente à quitter le banc pour mettre la longue-vue devant son œil. Il regarda longuement et sans véritable intérêt, puis replia sa longue-vue et se rassit.

« "Alors ?" grogna Mads Madsen.

« "Le capitaine Olsen, le second et un gigolo", laissa tomber Herbert qui ne possédait pas le don de savoir étirer une information jusqu'aux limites de son point de rupture.

Le Lieutenant, qui venait de tendre un nouveau rafraîchissement à Valfred dans sa couchette, se renversa en arrière et tortilla sa moustache.

— Et que faut-il donc entendre par « gigolo » ? demanda-t-il.

Bjørken hocha la tête.

— C'est justement la question que posa le Comte à l'époque. Puis Herbert passa la longue-vue à Mads Madsen, qui se rassasia de l'image ronde et se mit à marcher avec encore plus de nervosité de long en large devant le banc. « Parfaitement exact, murmura-t-il. Un gigolo, ni plus ni moins. »

Lasselille, qui n'était pas très familiarisé avec les mots d'origine étrangère, demanda :

— Mais qu'est-ce que c'est, Bjørk, un gigolo ?

Bjørken éclata d'un rire magnanime.

— Un gigolo, mon ami ? C'est un sacré bonhomme, assez particulier, très même, difficile d'expliquer ça au pied levé.

— Mais t'as les pieds bien plantés au sol, Bjørk !

Le sourire de Bjørken se voila. Mais quand il laissa son regard plonger dans les yeux du nigaud, il n'y vit qu'innocence naïve et sincère avidité de connaissance.

— Hum, bon, un gigolo est un type d'individu, un coureur, un cavaleur, un obsédé, quoi, et plein d'autres choses encore, Lasselille.

L'élève hocha la tête.

— Dis donc, ça fait vraiment beaucoup, tout ça. Vous avez vraiment eu un type comme ça ici ?

— Absolument. C'est bien un gigolo qui accosta à Cap Thompson, il y a de ça de nombreuses années. Un gigolo chiadé.

Valfred se retourna en gémissant dans sa couchette. Il s'installa, le ventre bien calé contre le bord, et posa la tête dans sa main.

— J'en ai rencontré un comme ça une fois, dit-il. C'était un gigolo français qui avait traîné ses galoches à travers toute l'Europe et qui avait été embauché à l'essai en qualité d'apprenti boucher parce qu'il avait été barbier et brancardier sur la Somme pendant la guerre. Il avait la même tronche que notre gigolo. Le tire-moelle à la pochette, sur son trente et un, pommadé et gominé, dans de fines chaussures blanches tressées.

— Monsieur voudrait-il insinuer par là que tous les Français sont des gigolos ? demanda Bjørken, irrité par l'interruption.

— Fichtre, non, Dieu m'en préserve ! répondit Valfred. J'ai connu qu'un seul Français, mais celui-là, pour sûr, c'était bien un gigolo. Les autres, j'en sais rien. Mais celui-là, y avait pas plus gigolo. Y avait guère que les histoires de bonnes femmes qu'il arrivait pas du tout à assurer. Il souriait bien comme il fallait, et se vantait et avait même comme un formidable aspirateur dans le regard quand il voyait les filles dans tous leurs emballages. Hé, hé, oui, il faisait tout ce qu'il pouvait. Et c'est exactement ce que j'ai toujours dit. Moins on en fait auprès des dames, moins on a de difficulté à s'en procurer. Mais ça, le Français, il l'avait pas pigé et voilà pourquoi il est arrivé ce qui est arrivé.

— Quoi, Valfred ? demanda Petit Pedersen, qui cernait bien le problème du Français.

— Ouais, il s'est un peu fiancé avec une fille de Roskilde que les ouvriers bouchers nommaient Gyda Belle-de-Nuit, une grande et luxueuse bonne femme avec une housse comme un canapé en crin de cheval. Nous, on savait tous à la boucherie que ces fiançailles n'allaient pas durer longtemps, vu que la Gyda, elle avait été fiancée, au fil du temps, avec tout Roskilde et la moitié de Ringsted. Et peu de temps après, elle échangea effectivement son Français contre un maquignon de Slagelse. C'était une catastrophe pour l'étranger parce que, là, il venait juste de se faire aux habitudes de Gyda. Et somptueuse, elle l'était, pour ainsi dire une femme au grand cœur tant à l'extérieur qu'à l'intérieur. Pendant quelques jours, il a eu le moral à zéro, et il chialait dans les tournedos qui prenaient au passage un goût de salaison. Le chef d'équipe l'a mis au hachoir, chose qu'il aurait jamais dû faire. Parce que le Français, il était tellement paumé que, dès le premier jour, il a laissé traîner par distraction la main dans la moulinette, et avant qu'on ait le temps d'arrêter la machine, elle lui avait bouffé la moitié du bras.

— Quelle horreur, frissonna Herbert, tout ça pour une bonne femme !

Valfred hocha la tête et lécha ses gencives desséchées. Le Lieutenant lui passa son verre, et, après s'être rafraîchi, Valfred enchaîna :

— Tragique, ça, t'as raison, Herbert. Mais enfin la boucherie n'y a rien perdu. La farce a été vendue à la charcuterie de Ludde, en tant que véritable farce française, tout a été liquidé en quelques heures. Plein de clients en redemandaient, même s'ils s'étonnaient de trouver pas mal d'esquilles dans leurs boulettes de viande. Mais y avait rien à faire parce que le Français était déjà parti.

Bjørken profita du silence que laissa s'installer la navrante histoire de Valfred pour reprendre sa propre histoire :

— Les femmes, dit-il, sont à l'origine de beaucoup de soucis. Et on en revient à notre gigolo. Nous étions donc installés sur le banc à regarder comment Olsen se débrouillait pour approcher la côte, jeter l'ancre et venir à terre en yole pour amarrer son rafiot par l'arrière. Il posta une vigie parce qu'il se méfiait toujours de la glace. Elle pouvait être loin à l'horizon et, l'instant d'après, grignoter le cuivre du bateau. Quand il toucha enfin terre, ce fut en compagnie du gigolo en question. Un petit homme sec avec une étroite gouttière sous un nez coulant et des cheveux huileux genre léchage de vache. Il avait de grands yeux marron à moitié cachés par les paupières quand il parlait.

« Olsen était de bonne humeur. La saison avait été bonne dans les Glaces de l'Ouest, et il se frotta les mains de plaisir en voyant les tas de peaux de renard que nous avions suspendues au pignon de la maison.

« "De belles peaux, lança-t-il admiratif, et en putain de quantité ! Vous ne vous êtes pas ennuyés cet hiver..."

« "Et y en a d'autres, répondit Siverts, parce que ni Niels ni Lodvig ne sont arrivés."

« Olsen désigna le gigolo qui était resté en arrière à racler timidement le sol de son pied. Avec ses paupières à moitié baissées, le type avait presque l'air de dormir debout.

« "V'là votre nouveau compagnon, dit Olsen. Et le Directeur vous salue en me faisant dire que l'nouveau doit s'installer dans la cabane de Cap Élisabeth et que Mads Madsen doit lui apprendre le métier."

« Le gigolo renroula ses rideaux, fit le tour et serra les mains. Mads Madsen, qui a toujours été gentil envers les nouveaux arrivants, lui tapota gentiment l'épaule en lui envoyant la fumée de sa pipe dans la figure, ce qui le fit tousser.

« "Belle bicoque, le Cap Élisabeth, dit Mads Madsen pour l'encourager. Avec vue et tout, et un district riche en canards. T'as des chiens ?"

« Le gigolo regarda Olsen qui hocha la tête. "Il a deux chiens qu'il va m'acheter, mais on s'est pas encore mis d'accord sur le prix."

« Mads Madsen scruta Olsen d'un regard perçant.

« "Tu les as piqués, Olsen ?"

« Le capitaine afficha un air ahuri. "Doux Jésus ! Mads Madsen, que vas-tu dire là ? Tu peux croire un instant que je vole des chiens ? C'est deux petits clébards qui ont sauté à bord de leur plein gré à Ålesund parce qu'ils avaient une furieuse envie de connaître le Groenland et de devenir chiens de traîneau. Et comme tu sais, je suis un imbécile incapable de dire non, pas plus aux bêtes qu'aux gens. Mais faut bien payer un peu pour la traversée, les repas, et les petits soins !"

« Mads Madsen hocha la tête. À cette époque, les chiens étaient une denrée rare. "Il peut avoir deux des nôtres, ça lui en fait quatre et c'est assez pour se débrouiller." Il donna encore une claque sur l'épaule du gigolo. “Belle bicoque et beaux clébards, putain, tu vas vivre comme un prince !”

« Le gigolo rit joyeusement. Il avait un beau sourire qui — comment dire ? — qui réchauffait tout son visage. “Merci à vous tous, dit-il, maintenant il m’reste plus qu’à savoir où se trouvent les gonzesses.” Il avait une voix profonde et roucoulante, du genre à graisser les oreilles des bonnes femmes, c’était évident pour nous tous.

« “Les gonzesses ?” Mads Madsen le regarda, décontenancé. Mais d’un coup il saisit et se claqua les cuisses, hurlant de rire. “Ha, ha, ha ! quel humour il a, ce gigolo, maintenant il veut savoir où se trouvent les gonzesses, ha, ha !” Et ça nous a tous fait beaucoup rire.

Bjørken ménagea ici une petite pause pendant laquelle tout le monde fut resservi. Valfred en premier, et avant même qu’il ait eu le temps de vider son verre, Bjørken poursuivait :

— Dès qu’Olsen fut parti avec les peaux de l’année, nous avons réuni un conseil des chasseurs, et il fut décidé que le gigolo resterait chez Mads Madsen et William-le-Noir jusqu’à l’arrivée de la première glace, après quoi tous deux iraient l’accompagner jusqu’au Cap Élisabeth et l’y installeraient.

Bjørken plissa le front et regarda d’un air scrutateur Mads Madsen.

— Bien que je ne lâche qu’à contrecœur un récit, la suite de l’histoire du gigolo te revient à toi, Mads Madsen. Tu veux bien continuer ?

Mads Madsen haussa les épaules.

— Dans ce cas, il nous faut une bouteille de plus sur la table, dit-il, parce qu’il n’y a rien de pire que d’être interrompu par une extinction de voix.

On apporta une bouteille de Black Label fait maison à Cap Thompson. C'était une bonne eau-de-vie qui tant en degrés qu'en couleur et en goût pouvait effectivement rappeler le whisky.

— Juste après le départ du bateau, le gigolo avait donc le moral au plus bas. Mais ça, c'est arrivé à bien des gens avant et après lui, William et moi ne l'avons donc pas trop pris au sérieux. Ces jeunots voient débouler la fin du monde dès que la poupe du bateau disparaît dans les glaces. Parce que, là, tous les liens avec la vie là-bas en bas sont coupés. Et tout à coup la montagne paraît deux fois plus grande et l'eau dans le fjord devient noire et satanique, et les copains ressemblent à une horde de bandits grossiers et sanguinaires.

« Bon, William et moi, on a donc essayé de remonter un peu le moral au bonhomme, mais c'était comme s'il ruminait quelque chose. William penchait pour des fiançailles rompues, ce qui n'avait rien d'idiot parce que ce genre de choses peut précipiter les gens dans les humeurs les plus bizarres. Mais un soir, juste avant le départ pour Cap Élisabeth, les raisons de cette mélancolie éclatèrent au grand jour. Nous avions préparé une sorte de fête d'adieu pour le gigolo avec quelques bouteilles d'eau-de-vie de myrtille de Valfred. Tout a bien démarré dans la jovialité, et puis, tout à coup, le gigolo s'est mis à renifler, et les larmes et la morve ont commencé à dégouliner dans la gouttière et aux coins des lèvres.

« "Eh oh, compagnon, que je lui ai doucement dit en retirant son verre pour qu'il ne risque pas de trop diluer son eau-de-vie, ça peut quand même pas être si grave que ça ?"

« "Les femmes", qu'il a sangloté, et puis toute la vérité a éclaté. "Y a aucune femme ici. Je croyais qu'il y en aurait des hordes. Là-bas en bas, on m'avait dit qu'y avait pas femmes plus avenantes ni au sang plus chaud que les Groenlandaises, et qu'y en avait partout, où qu'on se tourne. On m'avait dit qu'elles allaient jusqu'à rentrer chez vous par la fenêtre la nuit, et qu'elles faisaient la queue sur la plage à l'arrivée du bateau. Voilà pourquoi j'suis venu." Et puis il a tellement chialé qu'on a plus rien compris à ses balivernes.

Mads Madsen se régalait avec son Black Label.

— Bien sûr, je résume un peu, là. C'était pas aussi évident, rapport à ce que le gigolo il hurlait et chialait et gémissait, des vraies jérémiades, et il couinait et il reniflait et il bavait comme pas deux. Mais, malgré tous les bruits parasites, les mots étaient compréhensibles et sont tombés à peu près comme je viens de vous dire.

Il alluma sa pipe et se camoufla derrière la fumée. Quand le *smog* se fut dispersé et qu'on put à nouveau voir de l'autre côté de la table, il dit :

— Eh, bordel, qu'est-ce qu'on peut répondre à ce genre de choses ? Il était évident que le type s'était gouré de côte sur la carte du Groenland. « Eh ouais ! que j'lui ai dit, pas de bol, mon ami, parce qu'à ma connaissance y a pas un seul jupon au nord du soixante et onzième degré de latitude nord. Paraît qu'y en a pas mal sur la côte ouest, et William pourrait sûrement t'en causer vu qu'il a fait un voyage d'étude là-bas. Mais c'est loin, et ça ne vaut sûrement pas vraiment la peine. »

« Le gigolo nous a regardés avec ses grands yeux marron qui lui donnaient une gueule de cocker dès qu'il faisait un peu descendre les rideaux. Puis il a longuement regardé un petit sac qu'il avait à la main à son arrivée. Y avait quelque chose de mystérieux avec ce sac. Petit, propret, en cuir marron. Et avec une serrure aux deux bouts dont il portait la clé attachée par une ficelle autour du cou. Mais c'était son sac, et ce qu'y avait dedans, c'était pas nos oignons. Il l'avait pas ouvert depuis son arrivée à terre, et William et moi, on s'était bien sûr posé quelques questions sur son contenu. William penchait pour des lettres d'amour, et moi pour des relevés de compte en banque, parce qu'à certains moments le gigolo, il avait tout à fait un air de rupin.

« Bon, quand il a eu fini de chialer, il a dit tout doucement : "Ça va pas, Mads Madsen. Je crois que je vais crever sans femmes. C'est comme quand on peut pas respirer."

« "Ça alors, que je lui ai dit, plutôt impressionné parce que j'avais jamais rien entendu de pareil. C'est peut-être comme un genre de besoin ?"

« Le gigolo poussa un profond soupir. "Ça vient de l'intérieur, chuchota-t-il, j'y peux rien."

Mads Madsen regarda William en souriant, et celui-ci lui rendit son sourire.

— Ce genre de besoin, c'était une affaire que William comprenait très bien, dit Mads Madsen. C'était tout comme maintenant, dès qu'il arrivait lui-même aux premières chaleurs vers la fin avril, il partait pour le Cap Sud pour se faire régler le compas. « Dis donc, dis-je au gigolo, t'as qu'à partir au Cap Sud avec William, pour te faire récurer à fond quand William va rendre visite à sa fiancée. Là-bas, tu vas rapidement te trouver une bonne femme qui te plaira. »

« Si vous l'aviez vu s'éclaircir ! Il m'a souri si chaleureusement que j'en ai eu la gorge nouée.

« "Y a vraiment des femmes à cet endroit-là, Cap Sud ? demanda-t-il, la voix vibrante d'espoir. Où c'est ?"

« William précisa que l'année précédente y avait quatre femmes relativement jeunes et qu'il ne fallait que trois semaines dans de bonnes conditions pour y descendre. Et voilà le gigolo qui jubilait. Il agrippa son sac marron en caressant la serrure de ses doigts. “Quand c’est qu’on part, William ? cria-t-il. J’suis prêt sur-le-champ.”

« Mais ça pouvait pas se faire, bien sûr ; personne de mentalement sain ne fait un voyage en hiver jusqu’au Cap Sud, et c’est ce que je lui ai expliqué. “Faut attendre le printemps, mon ami, quand le soleil brille dans le ciel, mais que le gel tient encore la glace dans les fjords. À ce moment-là vous pourrez y aller.”

« La lumière de son visage s’est éteinte d’un coup. Il a calculé dans sa tête.

« “Sept mois, chuchota-t-il, terrifié, pas sûr que j’y arrive, Mads Madsen.”

Mads Madsen se rinça la gorge et hocha la tête vers Bjørken qui reprit le récit :

« On a donc installé le gigolo à Cap Élisabeth fin octobre. À Cap Thompson il avait appris les rudiments de la vie d’un chasseur, c’est-à-dire comment monter des pièges, dépouiller, atteler les chiens et les mener. Il faisait preuve de bonne volonté, il apprenait facilement, et à un moment, on a même eu l’impression qu’il avait oublié son immense besoin de femmes. Ainsi entraîné, le chasseur novice partit dans l’arrière-pays avec son savoir et ses quatre chiens. Les chiens que Mads Madsen lui avait donnés étaient des bestioles aguerries, mais les deux que le capitaine Olsen lui avait vendus, c’était pas la gloire. L’un était un teckel à poil dur qui avait toujours horriblement froid, et l’autre était une belle petite chienne boxer, gentille et avenante, mais totalement inapte à tracter un traîneau.

« Ce fut un long hiver sans confort pour le gigolo.

Lui qui avait usé de femmes comme nous autres d'air frais, il était sur le point de s'étrangler avec ses souffrances intérieures. Nuit après nuit, et ensuite jour et nuit après jour et nuit, il restait dans sa couchette à regarder la soupente et à ressentir la solitude l'envahir lentement. Il gisait dans la couchette même où El dedo del Diablo allait reposer, quelques années plus tard, avec sa copine de plusieurs mètres de long, jusqu'au jour où celle-ci devait l'avaler, et le gigolo rêvait de ces doux rêves que nous connaissons tous. Et comme son besoin était plus grand que ceux du commun des mortels, vous comprenez son désespoir quand, le matin, il se réveillait dans une cabane froide, la cuisinière éteinte, la barrique d'eau gelée à cœur, des glaçons dans la moustache et avec ses bijoux de famille tellement petits qu'il lui fallait chercher plusieurs fois avant de pouvoir pisser. Et le pire c'est quand ses yeux tombaient sur son petit sac marron. Dans ces moments-là, c'était comme si son cœur se brisait, et, en pleurant toutes les larmes de son corps, il se vidait de tout son désespoir dans l'ample capuchon de son sac de couchage en peau de bœuf musqué.

« Après Noël, le gigolo s'est mis à vraiment déconner : il a commencé à se languir de la chienne boxer, qui, entre nous soit dit, était une petite créature bien roulée. Il sentait quelque chose en lui qu'il avait du mal à maîtriser, et dans sa panique il attela les chiens et descendit nous voir à Bjørkenborg.

Bjørken resta un instant à écouter les hurlements de la tempête dans la cheminée. C'était une mélodie claire et nette qui faisait chanter verres et bouteilles sur la table. Bjørken se renversa sur sa chaise et ferma les yeux pour mieux se remémorer ce qui s'était passé il y avait de ça tant d'années.

— Je dois admettre qu'en voyant le gigolo j'ai été à la fois effrayé et exalté. Effrayé parce que je n'avais jamais vu visage plus empreint de souffrance, et exalté parce que je savais qu'avec la grande connaissance que j'avais acquise au cours des années en ce qui concerne les phénomènes psychiques j'étais en mesure d'accomplir une bonne action. Parce que nous étions en présence d'un cas exemplaire de vertigo polaire en plein développement. Après avoir pris soin des chiens, nous avons installé le gigolo à table et Museau lui a servi une soupe de pois cassés et des crêpes au rhum. Il n'a mangé que très peu mais a parlé d'autant plus. Je l'ai écouté avec attention, et quand il a eu fini, je lui ai dit : « Tu dis, mon ami, que tes pensées ont frôlé la zoophilie ? »

« Le gigolo a baissé la tête en regardant honteusement le plateau de la table. "Je crois que oui", chuchota-t-il.

Lasselille interrompit Bjørken.

— C'est quoi, zoo-machin, Bjørk ? Une histoire de gonzesses ?

— C'est tout comme, improvisa Bjørken. C'est des gens sexuellement déviants rapport aux relations qu'ils entretiennent avec des animaux. Un être humain qui a ce genre de tendance est appelé un zoophile, mon garçon.

— Ah, bon.

Lasselille hocha la tête.

— Alors, c'est comme Vieux-Niels et son cochon, et Don Svendsen et son boa ?

Bjørken ne prêta aucune attention à son compagnon de station.

— J'étais infiniment doux et compréhensif en parlant à notre hôte. Il fallait tout d'abord le rassurer. Même Museau s'intéressa à son cas. Il chaussa ses lunettes parce qu'il n'avait jamais vu un vrai zoophile en chair et en os. J'ai expliqué à cette jeune brebis égarée qu'elle partageait son destin avec beaucoup d'autres ; et entre autres j'ai cité Leda et le cygne et un certain nombre de célébrités eskimo qui avaient usé et abusé de tout, de l'ours blanc jusqu'aux puces d'eau. Et tout doucement il a pigé qu'au fond il n'était pas si bizarre et qu'il était loin d'être le seul à éprouver des pulsions déviantes.

Ici Lasselille interrompit une nouvelle fois Bjørken. Il leva le doigt et, quand Bjørken l'interrogea, il dit avec zèle, en essayant d'imiter l'introduction habituelle de Valfred :

— J'ai connu une fois un de ces zoophiles en question. Il était, euh, cantonnier à Lillerød. Une fois qu'il était couché dans un champ avec une fille d'Allerød, et qu'ils regardaient des vaches qui étaient, vous savez, comme c'était le printemps, et tout, et puis y a un taureau qui a sauté sur une vache, alors le type que je connais a dit à la fille : « Eh, mademoiselle, est-ce que j'peux faire pareil ? » Alors la fille l'a regardé avec un air boudeur en lui disant : « Ça, c'est tes oignons, elle est pas à moi, cette vache. »

Lasselille se mit à rire comme une baleine, et Bjørken envoya, au nom de Lasselille, des regards d'excuses à tout le monde autour de la table. C'était là une interruption impardonnable, et quand Petit Pedersen, le seul à ne pas déjà connaître l'histoire, se mit à rire, il essuya un regard glacial de la part de Bjørken qui parvint cependant à mettre fin au silence gêné en enchaînant.

— J'ai à tort supposé que quelques mois de thérapie auprès de moi allaient guérir notre ami. C'est pourquoi j'ai proposé qu'il reste un temps chez nous à Bjørkenborg. Nous allions chasser dans la journée et tenions de longues conversations confidentielles le soir, au cours desquelles je devais tout doucement le ramener dans le droit chemin. Le gigolo était d'accord : il voulait à tout prix se débarrasser de cette maladie.

« Cet hiver-là, nous avons eu beaucoup de visites. Comme la rumeur que nous avions un pensionnaire s'était rapidement répandue sur la côte, les gens venaient de loin pour demander des nouvelles de la santé du gigolo parce que sous nos latitudes un pervers sexuel était aussi rare qu'une girafe à trois pattes.

Bjørken se pencha par-dessus la table et joignit ses longs doigts maigres. Il hocha lentement la tête.

— Je dois l'admettre maintenant, le cas du gigolo était un vrai casse-tête chinois. J'ai travaillé sur son cas de janvier à mai, et je me suis servi de toute mon expérience et de mes connaissances approfondies en matière de vertigo polaire, mais rien n'y a fait. C'est seulement à la mi-mai que j'ai bien dû reconnaître mon échec. Le gigolo passait jour après jour sur le banc de la cuisine, son petit sac marron sur les genoux, à pleurer et à sangloter après la chienne boxer qu'Herbert, par mesure de précaution, avait emmenée à Guess Grave, histoire de ne pas laisser traîner les tentations juste devant la porte de la maison. Ma conclusion a été qu'il fallait transporter le malade jusqu'au Cap Sud pour, comme Museau l'exprima à la mesure de ses moyens, une saillie d'urgence.

« Même si c'était un peu tard dans l'année pour ce genre de voyage, je savais que la santé du gigolo passait avant mon propre confort. C'est pourquoi nous avons levé le camp au plus vite, sur une glace humide et dangereuse.

Bjørken sourit et secoua la tête lentement, ce qui

incita l'assemblée à imaginer tous les dangers et les complications auxquels Bjørken s'était exposé.

— Nous sommes passés à la hauteur de l'île d'Ymer sans encombre ; là, nous avons descendu un bœuf pour les provisions avant de continuer vers le Fjord du Roi Oscar. L'expédition comptait deux traîneaux. Museau sur le premier et la majeure partie des bagages, moi sur l'autre avec le gigolo, les sacs de couchage et, bien sûr, le mystérieux petit sac qui ne quittait jamais le patient. Tout se passa relativement bien, même en traversant à plusieurs reprises des lacs d'eau de dégel peu profonde, ceci jusqu'au Fjord de la Société de Segel. Là, nous nous sommes trouvés devant une large passe d'eau libre d'une côte à l'autre, et comme les montagnes tout autour étaient trop hautes pour que nous les franchissions, nous avons été bloqués. Nous voilà au beau milieu d'un large fjord, avec cent mètres d'eau devant nous et un homme fou et malade sur le traîneau.

— Horrible, gémit Petit Pedersen, quelle situation effroyable !

Bjørken aspira l'air à travers ses incisives jaunâtres.

— Tu l'as dit, Pedersen. Une situation extrêmement précaire. Dangereuse, grave, inquiétante, se dépêcha-t-il d'ajouter après un coup d'œil en direction de Lasselille. Et que fait-on dans ce genre de situation ?

Il regarda, interrogateur, autour de lui.

— On fait du thé ? suggéra William.

— Exact. On fait bien sûr du thé, et tout en serrant le quart tout chaud entre les mains, on fait mentalement le tour des possibilités qui se présentent.

Bjørken hocha la tête vers Museau.

— Et il se trouve que c'est mon ami ici qui a eu une inspiration accidentelle qui se révéla utile. Assis sur son traîneau, il tirait des sons de l'élastique qui maintient ses lunettes accrochées à sa caboche. Et le contact avec cette matière lui faisait penser au caoutchouc de manière générale. Tout d'un coup, il murmura : « Et si on avait eu des ballons, des énormes ballons, on aurait pu les attacher aux traîneaux et naviguer sur l'eau. »

Bjørken sourit.

— C'était bien évidemment une idée totalement idiote, dites-moi donc un peu qui emporte d'énormes ballons en voyage à traîneau ? Mais quand les mots de Museau eurent décanté dans la cervelle du gigolo, celui-ci s'anima.

« "Des ballons, murmura-t-il, rêveur, t'as parlé de ballons, Museau ?"

« "Ouais, des ballons colossaux, de manière à pouvoir flotter sur l'eau."

« Le gigolo renroula les persiennes et on vit ses yeux. Puis il se mit à rire de manière complètement hystérique. Vous savez comment rigolent les types quand le vertigo les prend. Il se mit à tirer et à farfouiller sous son pull islandais ; je me préparais au pire. Mais il sortit simplement la clé de son sac. Les mains tremblantes, il la tourna dans les serrures et ouvrit.

— Révélant ainsi son secret, chuchota Petit Pedersen.

— Tout juste, Auguste. Et j'admets volontiers qu'autant moi-même que Museau, nous nous sommes penchés sur le sac, dévorés par la curiosité.

Bjørken saisit son verre, but lentement, s'essuya méticuleusement la bouche, rota discrètement, puis contempla silencieusement le bois de la table jusqu'au moment où il sentit l'atmosphère sur le point d'exploser.

— Je vous ai déjà expliqué, dit-il lentement, que le gigolo était un personnage lubrique venu au Groenland avec des attentes gigantesques par rapport à quelque chose qu'il ne trouva pas chez nous. Par erreur, il avait débarqué sur la mauvaise côte, et nous avons tout compris de cette erreur en voyant le contenu du sac. Dedans gisaient quatre cents petits paquets avec chacun son bout de caoutchouc impeccable et d'une solidité à toute épreuve.

— Quatre cents capotes ?

Incrédule, le Lieutenant regarda Bjørken.

— Mais ça fait plus d'une par jour pendant toute une année entière.

Bjørken hocha la tête avec gravité.

— Vous comprenez donc l'embarras du gigolo quand il s'est rendu compte qu'il n'y avait pas la moindre bonne femme dans le pays.

— Que se passa-t-il ensuite, Bjørk ?

Les yeux de Lasselille étaient rivés aux lèvres minces de Bjørken.

— Ben, on a commencé à les gonfler, pardi ! Les quatre cents. Nous les avons arrimées avec du fil de pêche et quelques heures plus tard nous avions quatre cents petits flotteurs accrochés au traîneau de Museau.

— Vous avez flotté ? demanda le Lieutenant Hansen.

— Flotté ?

Bjørken eut un rire grandiose.

— C'est à peine si nous avions la moitié des patins dans l'eau. Nous avons balancé les clébards dans la bassine, poussé le traîneau dans l'eau, et puis nous avons tranquillement traversé la passe pour pouvoir continuer en direction des délices du Cap Sud.

— Mais t'as dit que vous aviez deux traîneaux,

objecta le Lieutenant qui avait un don exceptionnel pour renifler un racontar.

— Tout à fait.

Bjørken fit la démonstration en posant une main sur l'autre.

— Nous avons évidemment posé mon traîneau sur celui de Museau. Comme ça le mien n'a pas pris une goutte d'eau.

Il fit un ample geste du bras.

— Et vous pouvez ainsi conclure que j'ai, comme toujours, raison. Le secret du gigolo nous a bel et bien permis de sortir de cette situation difficile et lui a, pour ainsi dire, sauvé la vie.

Tout le monde se demandait ce que Bjørken avait bien pu dire au sujet des secrets, mais personne ne se souvenait de ses mots exacts ni n'avait d'ailleurs envie de le lui demander.

— Qu'arriva-t-il par la suite à ce gigolo ? s'enquit Petit Pedersen.

Bjørken éclata de rire.

— Comme il s'était servi de son secret à d'autres fins, il a engrossé Amalie au Cap Sud, s'est marié avec elle et s'est, l'année d'après, installé sur la côte ouest où, paraît-il, il vit encore maintenant une belle vie de famille.

La tempête s'acharna à nouveau sur la maison et fit osciller la lampe. La lumière jaune de la lampe qui se balançait dangereusement dansa sur le visage de Valfred, mais cela ne le dérangea aucunement : il dormait depuis belle lurette.

Le Lieutenant Hansen se réjouissait de la réussite de cet anniversaire. Il contemplait, méditatif, le plateau de la table, se répétant dans sa tête l'histoire de Bjørken. Et il ressentit une vive compassion pour le gigolo et poussa un soupir soulagé à l'idée qu'il avait lui-même réussi, à l'époque où le vertigo l'avait travaillé, à revenir sain et sauf — et célibataire — du Cap Sud et à rester dans cet heureux état jusque dans sa quarante et unième année.

Une histoire aérienne

... ou l'atterrissage brutal d'Herbert.

Quand Herbert s'en revint d'Europe, où il avait passé quelque temps entre deux bateaux, ses amis purent déceler en lui un changement considérable. Ils étaient tous rituellement alignés sur le banc devant la cabane de Cap Thompson pour contempler Herbert au moment où il mit pied à terre. Or, sa démarche avait pris quelque chose d'élastique, et il portait la tête tellement haut qu'ils purent voir au fin fond de ses narines. Quand il fut assez près pour qu'on discerne l'expression de son visage, ils découvrirent que son regard était perdu dans le lointain comme s'il voyait quelque chose qu'il n'était pas accordé à autrui de percevoir. Il s'arrêta devant l'assemblée et laissa planer son regard sur le groupe d'un air doucement condescendant. Pas de doute, Herbert avait changé là-bas en bas dans le Sud.

Tout le monde le remarqua et tout le monde fit semblant de rien. Parce que si Herbert avait envie de changer, ça le regardait. S'il avait envie de parler de ce qui lui était arrivé, c'était bien, et s'il voulait garder ça pour lui-même, grand bien lui fasse. Mais il faut quand même dire que, sur ce revers du Groenland, la curiosité était la pulsion la plus vive de l'être humain, l'instinct de reproduction ne comptant pas vraiment dans ces régions, par la force des choses.

Chacun avait bien sûr son idée derrière la tête. Mads Madsen chuchota à William-le-Noir que cette andouille s'était probablement fiancé, voire pire. Mais William, qui pour sa part avait été fiancé à maintes reprises, secoua négativement la tête. Ces symptômes-là, il les connaissait sur le bout des doigts, et ce n'était pas de cette maladie-là que souffrait Herbert.

— Question d'oseille, chuchota-t-il en retour. Il pourrait bien ressembler à quelqu'un qui a hérité, ou bien encore gagné dix mille couronnes à la loterie nationale. C'est un peu comme s'il puait le fric.

C'est seulement bien plus tard dans la soirée, une fois légèrement étourdi par l'eau-de-vie de myrtille, qu'Herbert révéla que ses nouvelles manières ne devaient rien ni à l'amour ni à l'argent. À l'en-cas de minuit — de fines tranches de saumon mariné sur du pain aux raisins — Herbert se renversa sur sa chaise, passa les doigts dans les emmanchures de son gilet, et regarda pensivement le plafond.

— J'ai remarqué, dit-il d'un ton légèrement nasal qui certes pouvait n'être dû qu'au vin à étiquette dont on arrosait le saumon, que vous semblez un brin surpris par ma, disons, ma... distance.

Il leva une main pour étouffer dans l'œuf toute velléité de protestation.

— Non, non, ce n'est pas la peine de me contredire. J'ai changé. Je suis pour ainsi dire devenu serein.

L'idée de le contredire n'avait en fait effleuré personne. Tous le regardaient avec une attente pleine de curiosité.

— Serein, répéta Herbert.

Il savoura avec volupté le mot qu'il prononça d'un air un rien pédant.

— Oui, c'est ça, serein, c'est le bon mot, parce que c'est comme ça qu'on devient quand on a volé dans les cieux.

Silence. Et sérieux étonnement. Valfred se tourna en gémissant sur la couchette de Mads Madsen où il s'était installé dès la fin du repas du soir. Il murmura :

— Pas con c'que tu dis là, Herbert. Parce que moi j'ai connu une fois un cordonnier à Ringsted qui a été viré du *Bar de l'Avenir* à Slagelse. Lui aussi, il a volé dans les cieux. À travers la fenêtre et loin sur la rue. Il était serein, comme tu dis. Quelque chose dans la tête, qu'on disait.

Herbert fixa la couchette avec irritation.

— Dans ce cas précis, je ne parle pas du fait d'avoir été viré d'un bistro, dit-il d'un ton tranchant, mais d'un voyage fantastique dans les cieux à bord d'un avion.

— Bigre !

Bjørken tordit son long corps maigre par-dessus la table pour mieux contempler Herbert.

— T'as dit avion ? T'as vraiment fait de l'aéroplane, Herbert, au milieu des nuages et tout ?

— Non seulement au milieu des nuages, mais aussi au-dessous et au-dessus, déclara Herbert.

Son nez en forme de pomme de terre s'ovalisa vers le plafond.

— Le trajet Copenhague-Hambourg et retour.

Tout le monde était ébahi. Du coup on comprenait la raison de la stature altière d'Herbert et de son regard hautain. Le voici entre amis à Cap Thompson, en chair et en os, et avec dans la tête le souvenir d'un voyage dans les cieux.

L'embarras s'abattit sur l'assemblée. On fixa la table, on regarda par-dessus la tête d'Herbert, on fit rouler dans la bouche le vin du Comte, un vin légèrement enivrant et qui avait curieusement un fin arôme de raisin. Siverts leva son verre et observa discrètement Herbert à travers le liquide jaune : Herbert savourait l'ambiance. Il constatait qu'il avait fait une impression certaine, qu'il était devenu quelqu'un d'autre en ce merveilleux soir d'été et qu'il le resterait à jamais. Parce qu'un homme qui avait volé à travers les cieux était différent, d'une autre essence que celui qui n'avait jamais quitté le plancher des vaches. Peut-être devrait-il même envisager de laisser cette année devenir sa dernière sur la côte. Parce qu'à partir du moment où l'on avait volé, on pouvait vraiment ambitionner de faire autre chose, des choses plus utiles que chasser des renards bleus et blancs.

Lasselille, qui avait toujours un certain mal à contrôler sa volubilité, se mit à genoux sur sa chaise et leva le doigt.

— Eh ben raconte, Herbert ! s'exclama-t-il spontanément. Ça fait quelle impression ?

Herbert regarda le jeune homme avec bienveillance. Un petit sourire retroussa les coins de ses lèvres.

— C'était tout bonnement exaltant, mon cher, presque divin. Nous avons volé tout le temps à deux cents kilomètres à l'heure.

Un soupir unanime monta des hommes. Deux cents kilomètres en une heure ! Alors qu'ici on se crevait avec les clébards, et qu'on était content si on arrivait à boucler dix kilomètres dans l'heure. Deux cents kilomètres, c'était l'équivalent de plusieurs jours de galère, et encore, dans des conditions de circulation acceptables ! Et cela, Herbert l'avait fait en une petite heure.

L'étonnement évident de chacun réchauffait Herbert jusqu'au tréfonds de son âme. D'un seul coup, il était devenu l'homme le plus célèbre de la côte. Il serait admiré et fêté, et à l'avenir on viendrait le voir pour lui demander conseil dans des cas difficiles parce que, désormais, il serait considéré comme différent. Tout cela simplement parce qu'il avait eu l'idée géniale de faire un tour à Hambourg en avion pour se faire décalaminer, une opération qui à cet endroit-là était réalisée rapidement, pour pas cher et sans délai.

La couchette supérieure craqua. Le gros visage rougeaud de Valfred se montra par-dessus bord. Il cligna de ses petits yeux cernés de rouge, se racla vivement la gorge pour éclaircir sa voix et demanda :

— Dis donc, Herbert, t'étais assis dedans ou dehors ?

Herbert le fixa sans comprendre.

— Qu'est-ce que tu veux dire ? J'étais bien sûr dans la machine.

— Ouais, c'est bien ce que je pensais, murmura Valfred. Dans un fauteuil, n'est-ce pas ?

Herbert fronça les sourcils.

— Bien sûr. Un agréable fauteuil rembourré avec appuie-tête et table pliante devant.

— Je m'en doutais.

Avec un soupir, Valfred se renversa à nouveau dans la couchette et ferma les yeux.

— Je constate qu'il y a plusieurs manières de circuler dans le ciel. Certains sont dedans, confortablement installés dans des fauteuils rembourrés avec appuie-tête. J'suppose qu'il y avait aussi le chauffage dans ton avion ?

— Chauffage et climatisation. Pourquoi, Valfred ? Que sais-tu des avions, toi ?

— Presque rien, avoua Valfred. Puisque je n'ai fait qu'un court vol.

— T'as fait de l'aviation, toi aussi ?

Mads Madsen regarda d'un air incrédule vers sa couchette.

Valfred hocha la tête.

— Oh ! rien de spécial. Juste une petite virée avec un militaire suédois nommé Svensson, dans ma jeunesse ; il s'était posé sur le lac près de Sorø, il a proposé des baptêmes de l'air aux apprentis de la boucherie pour cinq couronnes par tête.

L'intérêt se détournait maintenant d'Herbert au profit de la couchette de Mads Madsen. Herbert ricana.

— Baptême de l'air, ha, ha ! Oui, évidemment, on a déjà entendu parler de ce genre de choses. Mais moi, je suis allé en avion jusqu'à Hambourg, Valfred. Jusqu'à Hambourg !

— Oui, ça, j'avais compris, répondit paisiblement Valfred.

Il ouvrit les yeux et se tourna de manière à voir Herbert en bas.

— Je sais que mon voyage ne peut en aucun cas être comparé au tien. Je n'ai fait qu'un petit tour au-dessus de la boucherie, autour de l'église et au-dessus de l'école ménagère où j'ai failli me ramasser en faisant signe à une fille qui m'avait une fois préparé de la choucroute.

— Te ramasser ?

Herbert eut un rire hystérique.

— Ha, ha, ha ! comment peut-on tomber d'un avion ? Allez, Valfred, raconte-nous ça. Ça doit encore être un drôle de racontar que t'as lancé là !

— Pas impossible. Et parfaitement véridique. Aussi vrai que je repose ici dans la couchette de Mads Madsen, le goût du bon vin du Comte dans la bouche.

Valfred leva un tantinet la tête et sourit à ses amis.

— Tu comprends, mon petit Herbert, j'étais installé sur une balançoire sous l'avion, entre les flotteurs. Et quand j'ai lâché une main pour faire signe à la fille, j'ai commencé à glisser de mon siège. Hé, hé, j'ai sûrement voulu me pavaner devant la demoiselle en bas, j'ai sûrement voulu crâner parce que j'étais en avion. Ça doit être inévitable pour ceux qui voyagent en l'air. On devient arrogant, on veut se faire remarquer.

Il jeta un coup d'œil vers Herbert.

— T'étais assis sur une balançoire ?

Lodvig secouait la tête, sceptique.

— T'y crois vraiment toi-même ?

— Oui, c'est bien ça. Même que la place était idéale parce qu'à l'époque j'étais du genre un peu plus fin de l'arrière-train. Et on était confortablement installé, à condition de bien se cramponner, c'est sûr. La seule chose un peu gênante, c'est que j'avais l'échappement en pleine poire. J'ai très vite été chaud et noir comme un Zoulou. À part ça, ça a été une virée formidable, hé, hé.

Un profond silence s'abattit sur l'assemblée. Le regard d'Herbert se fit fuyant, et au bout d'un petit moment, il se leva gauchement, rasa le mur jusqu'à la porte et sortit en grommelant quelque chose qui concernait le fait d'uriner et de prendre un bol d'air frais. Personne ne remarqua sa disparition. Tout le monde pensait au vol de Valfred et tentait d'imaginer comment il avait plané sur une balançoire entre les flotteurs d'un hydravion, à toute vitesse au-dessus de la ville de Sorø.

Lasselille rompit le silence. Il fixa Valfred de ses grands yeux bleus.

— T'as pas eu vachement la trouille tout le temps ? demanda-t-il.

— La trouille ?

Valfred réfléchit longuement.

— Non, j'crois pas, Lasselille. Parce que j'étais tout

le temps bien installé sur une solide planche de chêne entre deux épaisses cordes. Non, y avait pas de quoi avoir la trouille. Et Svensson connaissait son truc, même s'il avait un peu de mal à faire les loopings à cause de la balançoire.

— Parce que t'as fait des loopings aussi ? gémit Bjørken.

— Bien sûr. C'est pour ça que c'était si cher, répondit Valfred. Sans looping, ça ne coûtait que trois couronnes.

Avec un profond bâillement, Valfred s'étira dans sa couchette.

— L'aviation n'a rien de particulier, dit-il doucement. Surtout pas quand, comme Herbert, on est installé à l'intérieur, avec appuie-tête et table devant. Dans ce cas, c'est probablement une des manières les plus confortables de se déplacer.

Il bâilla encore une fois, de façon très contagieuse. Certains se joignirent à lui.

— Alors, sapristi, y a vraiment pas de quoi en faire un fromage simplement parce qu'on a fait Copenhague-Hambourg aller-retour par la voie des airs.

Le whisky de feu le Roi Jensen

... où l'on constate que si le Lieutenant Hansen prend les choses au pied de la lettre, Valfred pour sa part en retient surtout l'esprit.

Au cours des nombreuses années que Valfred et le Lieutenant Hansen vécurent ensemble dans le nord-est du Groenland, se divertir l'un l'autre avec des récits d'événements vécus dans une existence civilisée, et par là même révolue, leur fut une distraction précieuse durant les longues et sombres soirées d'hiver.

Avec force détails, le Lieutenant avait ainsi raconté ses années de carrière militaire, et même si Valfred dormait profondément pendant ces récits, leur contenu pénétrait cependant dans son subconscient où il se mélangeait avec ce gros fatras d'autres impressions diffuses qu'il avait accumulées au cours de longues années de sommeil. Aussi incroyable que cela puisse paraître, Valfred arrivait à s'y retrouver dans ce capharnaüm. Il était capable de restituer toute la trajectoire militaire d'Hansen, avec noms, lieux et dates. Et aux visiteurs il arrivait à servir la surprenante vie d'Hansen de façon si fignolée que le Lieutenant se mettait à en avoir les lobes des oreilles qui rougissaient, tant les commentaires de Valfred lui faisaient prendre conscience de l'aspect exceptionnel de sa propre personne.

Les contributions de Valfred aux nuits polaires étaient des régurgitations, au hasard des marécages de la mémoire, qui surgissaient de façon inopinée, comme la plupart des régurgitations d'ailleurs. En règle générale, il s'agissait d'événements survenus entre Roskilde et Slagelse dans l'île de Seeland. Entre ces deux extrémités se trouvait Ringsted, en quelque sorte La Mecque pour Valfred.

Le Lieutenant Hansen appréciait ces histoires sans prétention qui avaient pour théâtre un monde inconnu, mais attrayant pour lui. Le plus souvent, il trouvait une morale aux récits de Valfred, morale dont Valfred n'était sans doute même pas conscient, mais qu'il admettait non sans quelque embarras quand on se donnait la peine de la lui faire toucher du doigt.

— Là, tu pousses, Hansen, mais enfin puisque tu l'dis. Sans rire, tu crois vraiment ?

Hansen hochait la tête, parce que telle était son opinion.

— Hansen, Hansen !

Valfred secouait la tête.

— T'as vraiment la pensée plus subtile que la plupart des gens. Vue de cette façon, l'histoire devient presque édifiante. Tiens, ça me rappelle celle du Roi Jensen. Je veux dire, si tu ne venais pas de m'en démontrer l'aspect édifiant, une partie de cette histoire serait comme qui dirait passée à l'as.

Valfred regarda avec curiosité le Lieutenant Hansen dont le regard aiguisé était rivé au mur juste au-dessus de sa tête. Au bout d'un petit moment de réflexion, ce dernier hocha la tête de façon brève, à la manière militaire.

— La partie la plus intéressante, dit-il enfin.

C'était par une glaciale soirée de février, où le vent et les congères avaient tenu les deux amis à la maison toute la journée. Après une sieste prolongée, Valfred avait eu une insidieuse envie de friandise, et pour arriver à se contrôler jusqu'au moment où Hansen aurait servi le repas du soir, il alla se chercher une boîte de sardines à l'huile dans le placard. Les boîtes étaient entourées de papier journal qu'il lissa soigneusement pour le lire avant de le brûler dans la cuisinière.

— Putain ! Dis donc, petit Hansen, heureusement qu'on est pas en mer de Chine.

Le Lieutenant, absorbé par une réussite, lui jeta un regard étonné.

— Qu'est-ce que tu lis ?

— La gazette de Roskilde du 25 février de l'année dernière. À deux jours près, plus donc une année, des nouvelles fraîches en somme, Hansen.

— Mais que diable aurions-nous donc été faire en mer de Chine ? s'étonna le Lieutenant.

— C'est exactement c'que j'dis. On a vraiment du bol d'être ici, tranquille.

Valfred ajusta ses lorgnons sur son nez et se mit en devoir de résumer à haute voix.

— Ils disent que question piraterie, ça va pas du tout là-bas en bas. Tu te rends compte, de la vraie piraterie, de nos jours ! Le gouvernement a promis mille cinq cents dollars à celui qui arrive à arraisonner un bateau pirate.

Il regarda d'un air rêveur par-dessus ses lunettes.

— C'est une putain de quantité de sous, Hansen, mais je crois pas que je risquerais ma peau même pour le double. Je suis plus pénard ici avec mes peaux de renard. Mais le Roi Jensen, lui, ben il aurait pas hésité un instant.

— Le Roi Jensen ?

Le Lieutenant regarda Valfred, l'air songeur.

— J'ai déjà entendu ce nom-là.

— Ouais, c'est un type que j'ai connu à Roskilde à une certaine époque. On l'appelait le Roi Jensen et c'était un putain d'aventurier. Jeune homme, il était parti s'installer à Slagelse, tant il avait le goût de l'aventure. Là, il avait été apprenti coiffeur pendant trois ans avant de revenir à Roskilde. Mais son retour a plutôt été rapport à sa bonne femme. Elle se plaisait pas bien à l'étranger, elle avait pas le goût de l'aventure de Jensen. Il serait sûrement parti pour cette mer de Chine, histoire de chasser les Chinetoques de paravent, parce que rien ne pouvait l'arrêter, celui-là, à part sa femme, donc.

Le Lieutenant Hansen repoussa ses cartes, se renversa sur sa chaise et se cala, les jambes sur la table. Ça avait l'air prometteur, cette histoire de roi de l'aventure de Roskilde.

— Et son titre de noblesse, comment se l'était-il procuré ? demanda-t-il.

— Ben, tu vois, cinq années de suite il était devenu roi du chat, tu sais, quand on doit cogner sur un tonneau pour faire sortir le chat.

Valfred hocha la tête, l'air entendu.

— Le vieux Jensen, son père, il vendait du poisson salé à la Montagne, et c'est lui qui livrait les tonneaux pour la fête. Jensen savait donc exactement où se trouvaient les douves fragiles. Pardi, c'est pour ça qu'il est devenu le roi du chat du tonneau année après année.

Valfred déposa son bout de journal et saisit la boîte.

— Quand le Roi Jensen s'est repointé à Roskilde, il a installé son salon de coiffure dans la réserve à bois de chauffage de son père. C'était un endroit magnifique parce que devant le salon y avait un banc, et que de ce banc les clients pouvaient profiter de la vue sur le fjord quand il faisait soleil. J'allais toujours à Roskilde pour me faire déboiser la colline parce que ça me donnait l'occasion de rendre visite au Roi. Et beaucoup de têtes de la haute fréquentaient son salon, rapport à ce que le vieux Jensen, il avait la meilleure distillerie de la ville. Son eau-de-vie était presque parfaitement rectifiée parce qu'il la filtrait pas seulement à travers du marc de café, mais aussi à travers du charbon anglais.

Valfred épousseta la boîte d'un revers de manche, puis enfila la languette dans la clé et enroula le couvercle.

— Y a rien de meilleur, Hansen, murmura-t-il, qu'un petit amuse-gueule comme ça. Tu devrais goûter. C'est mieux pour la digestion que tout l'exercice physique du monde, et puis les sardines, par-dessus le marché, c'est franchement pas mauvais.

Il saisit une sardine entre le pouce et l'index, renversa la nuque et lâcha. Et comme ça sardine après sardine, chacune étant suivie sur la route de son ultime dissolution par de petites gorgées d'huile.

— C'est d'un goût exquis, soupira Valfred. J'te comprends vraiment pas, Hansen.

Valfred secoua la tête d'un air inquiet.

— Je crois que tu souffres d'une sorte de maladie du goût. Tu devrais te faire examiner, le jour où tu tombes sur un toubib.

Valfred lâcha la dernière sardine et ingurgita le reste de l'huile. Puis il fit claquer bruyamment sa langue avec beaucoup de soin, afin de garder le goût le plus longtemps possible dans la bouche.

— Ces petites bestioles gris métallisé sont plus qu'un brin meilleures que les harengs salés de Jensen, quoique ceux-là n'étaient pas mauvais non plus, à condition d'être accompagnés d'une bonne dose d'eau-de-vie rectifiée.

— Mais ce Roi Jensen, demanda le Lieutenant Hansen, t'as autre chose à raconter à son sujet ?

— Ah, fichtre que oui ! On a jamais fini les histoires à son sujet parce que c'était un type pas possible. Quand il a été roi des chats pour la cinquième fois, il a reçu une couronne, un sceptre et une bouteille entière de véritable whisky écossais. Qu'est-ce que t'en dis ? Et il en a été tellement content, le pauvre bougre, qu'il s'est mis à chialer si bien que les gouttes tombaient de sa barbiche, parce que bien sûr il avait jamais possédé une bouteille de vrai whisky.

« À dater de ce jour, y a eu encore plus de clients dans son salon. Bien sûr, y avait tous ses vieux potes qui venaient, mais il arrivait aussi une ribambelle de mecs qui se prétendaient ses amis. Parce que tout le monde portait en lui l'espoir d'être là le jour où le Roi Jensen, d'un geste royal, décoifferait son prix et en offrirait à tout le monde.

Valfred balança la boîte vide dans la caisse à charbon et s'essuya soigneusement la bouche avec le papier journal.

— Hé, hé, petit Hansen, c'était le bon temps à Roskilde. Une foule aussi épaisse dedans que dehors. Jamais un barbier de Roskilde a eu plus de clientèle. Mais c'était un putain de filou, ce Jensen. Parce qu'il laissait sa bouteille tranquille. Elle trônait sur une petite étagère en verre, juste au-dessus du miroir, devant le fauteuil du client, de manière que les gens, le savon autour du museau, puissent saliver après le liquide écossais à en crever de soif. Suspendue à côté de l'étagère, y avait la massue grâce à laquelle Jensen était devenu roi. Elle était en chêne et avait servi autrefois au vieux Jensen à tenir tous les malhonnêtes gens éloignés de sa distillerie.

Valfred se leva et se traîna jusqu'à la couchette où il se renversa avec un soupir de bien-être.

— Eh oui, Hansen, à cette époque, c'était la belle vie à Roskilde. Hé, hé, quand on descendait de Ringsted jusqu'à la Montagne à vélo et qu'on s'installait sur le banc de Jensen en parlant de tout et de rien, c'était presque comme les grandes fêtes. Et le soir, quand on flânait d'Algade jusqu'au Stændertorvet, puis qu'on descendait Skomagergade pour ensuite la remonter à nouveau, je t'assure que les filles, on les reluquait. Et qu'est-ce qu'elles nous regardaient en retour ! Rapport à ce qu'on venait de Ringsted, bien entendu.

Valfred gloussa, amusé.

— On était d'un genre un peu différent question comportement vu qu'on était loin de notre ville à nous. Comme qui dirait des étrangers, quoi. Et tu dois admettre, Hansen, qu'y a toujours eu quelque chose de particulier aux gens de Ringsted. Mais bien sûr, les filles de Roskilde avaient vraiment aussi du style, même si elles étaient assez différentes de celles de chez nous à Ringsted.

Valfred secoua la tête.

— C'est bizarre, Hansen, parce qu'au fond y a probablement pas grande différence entre les gens. J'veux dire, une fille watussi est sûrement *grosso modo* faite à peu près comme une fille de Slagelse ou une de Roskilde. Je crois en fait qu'elles sont arrangées un peu pareil devant, derrière, en bas et en haut, c'est donc en réalité un peu idiot qu'on la trouve plus intéressante simplement parce qu'elle est watussi.

« Mais c'est comme ça, et c'était comme ça aussi avec les filles de Roskilde. On ne pouvait pas s'empêcher de les trouver plus intéressantes, et on faisait volontiers tout le trajet jusqu'à Roskilde à vélo tous les dimanches pour flâner et reluquer les gonzesses, et puis naturellement pour attendre le miracle sur le banc du Roi Jensen.

Valfred eut un gloussement joyeux.

— Les petits plaisirs étaient comme plus grandioses à l'époque, Hansen. Nous devons être reconnaissants d'avoir vécu cette période.

Le Lieutenant hocha la tête. Les lèvres en avant, il réfléchissait intensément à ce que Valfred venait de raconter. Dans son for intérieur, il voyait Valfred traîner de long en large dans les rues de Roskilde. De même qu'il voyait sans difficulté les superbes filles. Ces mignonnes filles exotiques de Roskilde qui, pardessus le marché, parlaient peut-être un dialecte difficilement compréhensible. Puis il voyait le hameau de pêcheurs que Valfred appelait la Montagne, les petites maisons aux colombages et parois d'argile, avec probablement du varech sur les faîtières. Des petites maisons tordues aux toitures débordantes qui s'épaulaient mutuellement. Le banc au soleil était également très clair pour le Lieutenant. Il ressentait Roskilde.

— Tout à fait passionnant, Valfred. Maintenant j'ai Roskilde clairement devant moi, je vois, j'entends, je renifle toute la ville. Mais j'aimerais savoir ce qui est arrivé au whisky écossais.

Valfred regarda son compagnon longuement, d'un air soudain grave.

— Le whisky, Hansen ? Eh bé, ouais, ça c'est une autre histoire, une histoire étrange, répondit-il, parce qu'en fait le Roi Jensen ne l'a jamais débouché.

— Quoi ?

— Parfaitement, aussi vrai que j'te l'dis. C'était comme s'il arrivait pas à se décider à le faire. Je crois qu'il avait comme qui dirait l'impression que son affaire allait dépérir, ses amis disparaître, sa réputation et son honneur partir à vau-l'eau s'il prenait rien qu'une seule gorgée de sa relique.

Le Lieutenant s'accorda à nouveau un long temps de réflexion. D'un côté, il comprenait bien le raisonnement du Roi Jensen et il n'était pas loin de penser qu'il avait eu raison.

— On peut presque dire que cette bouteille le faisait vivre, dit-il, tout à ses réflexions.

— C'est vrai, répondit Valfred.

Il roula sur le dos et ferma les yeux.

— En tout cas, c'est pas d'elle qu'il a claqué.

— Parce qu'il est mort ?

— Oui, paix à son âme, et même presque à l'étranger. Il est décédé aux Falaises de Møn où il s'était rendu en excursion avec sa femme. On pourrait dire qu'il s'est photographié dans la mort, parce que comme t'as déjà dû piger, c'était un type incroyable, ce Roi, il voulait tout essayer. Et à l'époque c'était devenu à la mode de photographier.

Valfred rouvrit les yeux et regarda son compagnon avec tristesse.

— Je crois qu'il a même pas eu le temps de se rendre compte. Il avait la tête sous son tissu noir quand la falaise s'est écroulée dans la Baie de Køge. Une putain de malchance. Mais au bout du compte, ça a malgré tout été une consolation pour ses proches que la dernière chose qu'il avait eue en vue, c'était Marie, sa femme donc, même si elle était à l'envers dans la boîte. Un putain d'aventurier, ce Jensen, et c'est bien la mort d'un aventurier qu'il a eue.

Valfred fixa les planches du fond de la couchette du dessus.

— Ça a été un coup dur qui nous a tous pris au dépourvu. Qui allait maintenant nous couper les tifs, et comment prendre du bon temps, au soleil sur le banc, en sachant que le Roi Jensen n'était plus parmi nous ?

Un petit sourire vibra aux coins des lèvres de Valfred.

— Mais son enterrement a été royal. Parce que le vieux Jensen, le père, il était encore bien vivant, lui. Y avait donc du hareng salé en abondance et, comme chacun sait, ça donne soif.

— Et la bouteille, alors ? demanda le Lieutenant. Le whisky écossais, Valfred ?

Valfred leva la tête un brin et regarda sombrement Hansen.

— Elle était comme qui dirait gagée, Hansen. Le Roi Jensen, dans un moment de faiblesse, avait décidé que la bouteille devait le suivre dans sa tombe.

« "Le jour où il faudra bien m'ensiler, Marie", avait-il dit à sa femme, "tu prendras mon prix d'honneur et tu en arroseras ma tombe. Cette bouteille m'a porté bonheur dans la vie, elle me fera sûrement pas de mal dans la mort."

— Les paroles d'un roi, estima le Lieutenant.

— D'un crétin, oui, murmura Valfred. Non mais, par exemple ! Déverser un litre entier de véritable whisky sur le cercueil d'un mort... C'est un vrai blasphème, Hansen, et c'est c'que j'ai dit à sa veuve.

« "Marie, que j'lui ai dit, tu peux pas faire ça, crébondieu, ça peut pas être les dernières volontés du Roi. T'as sûrement mal entendu, ma petite Marie, ou alors il était pas dans son assiette. Il était pas dans les vapes quand il t'a dit ça ?"

« Mais Marie persista et pas moyen de lui faire changer d'avis. Elle était bigrement fidèle aux paroles de son bonhomme, Hansen.

— Quelle femme parfaitement intègre et fascinante ! articula le Lieutenant, un rien mélodramatique.

— Tu l'as dit.

Valfred jeta un coup d'œil vers Hansen.

— Et bien sûr qu'elle gardait toute mon estime même si elle lâchait pas la bouteille. Ces filles de Roskilde ont vraiment quelque chose, Hansen, quelque chose d'irrésistible. Elles sont honnêtes et loyales, même si elles sont aussi fichtrement têtues. Marie était comme ça. Elle et moi, et personne d'autre, on a donc porté la bouteille jusqu'à sa tombe derrière la cathédrale, et là, on s'est installés sur un banc pour se remémorer le Roi Jensen.

Le Lieutenant descendit ses jambes de la table et se redressa le dos. Il regarda son vieil ami avec un respect renouvelé.

— Ça, ça me plaît, Valfred, dans cette situation tu as agi avec dignité et Marie avec honneur. Je suis vraiment fier de toi.

Le regard de Valfred erra quelque peu à travers toute la pièce. Le Lieutenant continua :

— Et puis, je suppose que la veuve et toi, profondément émus, vous avez déversé le liquide doré sur la dernière demeure du Roi Jensen ?

— Hum, oui, d'une certaine manière, Hansen. Oui, j'suppose qu'on peut dire ça comme ça sans mentir.

Valfred lui envoya un sourire édenté, ses dents du commerce reposant en sécurité sur l'étagère dans un verre de bière maison.

— Puisque c'était là la dernière volonté du Roi Jensen, pas vrai ?

Le Lieutenant resta un long moment perdu dans ses pensées. Il était profondément ému par le récit de Valfred, tout cela était en si parfaite harmonie avec sa propre rectitude morale. Cette émouvante histoire toujours dans la tête, il se leva et commença à se déshabiller. De façon aussi mécanique que rituelle, il s'adonna à sa gymnastique vespérale, barbouilla soigneusement sa moustache de gomina, mit en place ses bandages à moustache et monta s'installer dans sa couchette. Il resta quelque temps le regard perdu dans le vide avant de se pencher sur la lampe et de la souffler. Alors, montant de l'obscurité en dessous de lui, il entendit la voix ensommeillée de Valfred.

— Tu vois, petit Hansen. Jensen était un noble personnage, subtil et grandiose comme un roi. Et donc je suis sûr qu'il a rien eu contre le fait que sa veuve et moi, on boive le whisky avant de le déverser sur sa tombe. Roskilde, Hansen, c'est la ville des rois, c'est là que reposent les plus grands.

Le Club des Joyeux Montagnards Danois de 1897

... où le télégraphe apporte des nouvelles qui consternent Doc et Mortensen, où Bjørken fait preuve une fois de plus d'une ruse exceptionnelle, et où l'on constate les méfaits de la prohibition sur les ours américains.

Au beau milieu de la période la plus sombre, Mortensen reçut un signal via le sans-fil qui, en admettant que cela soit possible, rendit l'existence encore plus noire. Point après point, tiret après tiret, le message se déroulait, et le crayon de Mortensen survolait le papier, tandis que ses pensées restaient accrochées au concert qu'il avait programmé pour le printemps et où il avait l'intention d'improviser à partir d'une sélection de dix hymnes nationaux. Ce serait là ses premiers pas dans la musique sérielle.

Quand il put enfin accuser réception du télégramme auprès de Radio Angmagssalik, il boucla l'émetteur et cria à Doc qu'il pouvait maintenant enfin descendre du générateur à pédales et commencer à préparer le café du soir.

En sueur, Doc quitta la selle confortablement rembourrée, enleva ses pinces à vélo et demanda en hurlant s'il y avait eu des télégrammes urgents qui exigeaient une distribution immédiate. Mortensen ferma les yeux et résuma dans sa tête le contenu point après point et tiret après tiret. Arrivé au bout, il saisit la feuille et la regarda, incrédule. Sans un mot, il alla dans la pièce commune et jeta la feuille sur la table. Doc la lut, puis secoua négativement la tête.

— Ça, j'ai pas très envie de le distribuer, dit-il gravement.

Mortensen hocha la tête.

— Je comprends ça. Mais t'es quand même bien obligé de le faire. De par tes fonctions, pour ainsi dire.

— À une condition, c'est que tu viennes avec moi.

Mortensen remplit la cafetière de café moulu et prit l'eau sur la cuisinière.

— C'est-à-dire que, euh, en fait j'avais prévu de préparer le concert de printemps dans les moindres détails.

— Je préfère vraiment que tu m'accompagnes.

Doc regarda son compagnon d'un air suppliant, et Mortensen détourna le regard.

— Bon, si t'insistes vraiment, j'suppose que j'suis obligé. Mais pas avant demain.

Ce n'est pas sans réticences que les deux hommes mirent cap sur Bjørkenborg. Distribuer les directives de la Compagnie n'était jamais un plaisir, mais apporter le message de l'arrivée d'une expédition de six hommes dans la période la plus active de l'année, ça tenait du suicide.

On peut imaginer que c'est la raison pour laquelle Doc, avec Mortensen sur le porte-bagages, pédala si lentement et fit autant de détours. Ils montèrent souvent la tente, mangèrent beaucoup sans se presser le moins du monde. Le fameux télégramme était enfilé dans le cuir de la casquette de service qui reposait lourdement sur la tête de Doc.

Or il se trouve que leur inquiétude était sans aucun fondement.

Bjørken lut le message du sans-fil à haute voix pour ses amis.

— « Au chef de station de Bjørkenborg. »

Il leva les yeux d'un air mécontent.

— Ça aurait dû être adressé à Bjørken, chef de station de Bjørkenborg, ronchonna-t-il.

— Le directeur a peut-être voulu économiser un mot, suggéra Doc, comme tu sais, chaque mot coûte quinze sous.

Bjørken le regarda, atterré.

— Tu veux dire par là que le mot Bjørken ne vaut pas quinze sous ?

Son regard retourna au télégramme.

« Club des Joyeux Montagnards Danois de 1897 — stop — arrive Bjørkenborg mi-août pour escalade de l'aiguille de l'Alaine — stop — Bjørkenborg district — stop — directeur exprime vœu de première importance — stop — qu'expédition atteigne son but — stop — attend prestation grandiose de ceux de Bjørkenborg — salutations — directeur — stop. »

Bjørken renifla méditativement le formulaire, pendant que Doc et Mortensen se tortillaient inquiets sur le banc devant la cuisinière. Mais, à leur plus grand soulagement, un petit sourire se mit à déformer les coins de la bouche de Bjørken. Qui regarda Museau et se frotta les mains de bonne humeur.

— Ça, mes amis, c'est une affaire exceptionnelle.

— Quoi encore ?

Museau tira avec agacement sur l'élastique qui maintenait ses lunettes sur son nez.

— Plein de choses, répondit Bjørken, sibyllin. *Primo*, c'est un honneur pour Bjørkenborg, *deuzio*, ça pourrait, à bien des égards, se révéler une promotion pour nous, pour la station.

— Parce qu'on doit les promotionner jusqu'à l'aiguille de l'Alaine ?

Lasselille regarda son ancien maître droit dans les yeux, mais dans son regard il n'y avait que curiosité et admiration enfantine. Bjørken décida de ne pas prêter attention à la réflexion. Il se leva et alla chercher une bouteille de rhum.

— Vous avez besoin sans doute d'un remontant, mes amis, dit-il à ses hôtes. Cela a dû être un long et frisquet voyage à vélo pour descendre jusqu'ici. Vous restez quelques jours, je suppose ?

— Que jusqu'à demain, répondit Mortensen. Il faut qu'on rentre pour s'occuper de la préparation du concert de printemps.

— Ah, oui, ce fameux concert de printemps.

Bjørken remplit les verres d'un air distrait. Ses pensées tournaient autour de l'expédition qui se profilait.

Museau tourna méditativement son verre dans ses mains, comme s'il voulait soigneusement en imprégner les flancs du rhum épais.

— Comment une horde de peigne-culs peuvent-ils avoir l'idée de vouloir escalader l'aiguille de l'Alaine ? se demanda-t-il à voix haute.

— L'Alaine ? Ah, oui, l'Alaine.

Bjørken reposa la bouteille et prit ce ton doctoral qui donnait invariablement de l'urticaire à Museau.

— L'Alaine, mon ami, n'est en effet pas la plus haute montagne du Groenland. Par contre, je la considère comme relativement inaccessible de tout côté. Pourrie à cœur et raide à vous dégoûter. Érosion, froid extrême et chaleur torride, tempêtes indescriptibles, neige, grêle et pluies torrentielles, tout ça travaille l'Alaine depuis des millénaires et en fait un but tout à fait honorable pour le Club des Joyeux Montagnards Danois de 1897.

Lasselille fronçait le front à se le faire éclater. Il pensa avant de parler, fait extrêmement rare. Quand il eut fini de penser, il demanda :

— Doivent-ils marcher ou courir jusqu'en haut, Bjørk ?

Bjørken le fixa d'un air sévère. Mais il n'y avait jamais que candeur à lire sur le jeune visage.

— Ils doivent grimper, mon jeune ami. Avec cordes, pitons, piolets et autres matériels. Parce que c'est très compliqué d'être alpiniste, et cela exige d'importantes ressources techniques ainsi qu'un physique exceptionnel et un psychisme à toute épreuve.

— Ah, bon.

Lasselille hocha la tête, l'air d'avoir tout compris.

— C'est-à-dire comme ça, pour rigoler, quoi ?

Bjørken avala rapidement quelques gorgées de rhum avant de hocher la tête, usant de ses dernières ressources en matière de patience.

— Tu l'as dit, Lasselille, et en mettant leur vie dans la balance, comme ça, pour rigoler.

Cette année-là, la *Vesle Mari* se rendit directement à Bjørkenborg pour y déposer le Club de montagnards et leur encombrant matériel, lequel était constitué de quatre grandes tentes avec leur mobilier, un cuisinier qui avait officié pendant un certain nombre d'années à la prison d'État de Horsens, seize rouleaux de cordage, des mousquetons, des poulies, des piolets, des baudriers, des appareils de rappel compliqués, des bottes, des pantalons de cuir, cent litres d'eau-de-vie et cinquante caisses de bière.

Ceux de Bjørkenborg suèrent sang et eau pour débarquer la bière et l'eau-de-vie et les mettre en sûreté. Bjørken proposa de loger sous son toit ce précieux chargement, en arguant de l'errance, depuis quelques années, de très nombreux ours blancs américains plutôt antipathiques qui avaient du mal à démêler le tien du mien. Ces américains-là, expliqua Bjørken aux montagnards étonnés, faisaient volontiers des détours de plusieurs centaines de kilomètres s'ils tombaient sur une rumeur de bière dans les arrivages. Ces ours venaient ainsi d'Amérique où continuait encore de sévir, à la connaissance de Bjørken, une sorte de prohibition.

Lasselille fut exilé au grenier pour dormir, sa couchette servant désormais de dépôt d'alcool. Une fois eau-de-vie et bière à l'abri, c'était comme si la cabane avait pris un caractère sacré et solennel. Parce que là reposaient des litres et des litres d'eau-de-vie ; outre les bouteilles scintillant joyeusement en rangées parfaitement alignées sur la couchette de Lasselille, et contre le grand mur donnant sur la cabane annexe, une véritable montagne de caisses rouges s'élevait, contenant deux mille cinq cents canettes embouteillées en usine.

Museau qui, au quotidien, était un individu plutôt sobre et flegmatique, se laissa aller à un soupir émerveillé.

— Crébondieu, c'est plus beau qu'une carte postale ! s'exclama-t-il. J'crois que là, y a pas foyer plus douillet dans tout le Groenland.

Et Bjørken était bien d'accord avec lui.

— Tant de beauté ne nous sera pas subtilisé par une

bande d'alpinistes à la manque, dit-il d'un ton résolu. Museau, nous allons leur préparer une belle réception.

Ce fut une fête réussie qui repoussa le départ de l'expédition de deux bons jours, une fête bien proprette sans bagarre ni faux pas, une fête avec beaucoup de toasts portés parce que les montagnards étaient des gens de Copenhague habitués aux discours. Le chef de l'expédition, qui au quotidien était grossiste en viande et s'appelait Frederiksen, souligna par trois fois au cours du même laïus l'incomparable hospitalité que son groupe avait rencontrée là, hospitalité qui n'avait d'égale ni au pays ni à l'étranger. Et le Club avait incontestablement une certaine expérience en matière de voyage. Ainsi avait-il escaladé une montagne dans le Småland nommée la Falaise de Hulda où, après avoir traversé une vraie jungle au prix d'un équipement sophistiqué et de force boissons, on avait réussi à monter jusqu'en haut dès la première charge. Une autre fois on avait pris la Vierge Bleue par sa face maritime, et on avait réussi à parvenir à mi-hauteur de la Montagne de Dovre, en Norvège, avant de se voir contraint à battre en retraite faute d'eau-de-vie. Cet accueil serait inscrit dans l'histoire du club et ferait évidemment l'objet d'une mention à l'assemblée annuelle qui aurait lieu du haut des 147,2 mètres de Himmelbjerget, la Montagne du Ciel, en octobre de la même année.

Bjørken, tout sourire, assura l'expédition de tout son soutien en minaudant. On trinqua et but sans cesse jusqu'au moment où ni les montagnards ni même le cuisinier de Horsens ne furent plus capables de se rendre compte s'ils buvaient l'eau-de-vie maison de Bjørken ou l'authentique marchandise d'Ålborg.

Tout à l'honneur de Bjørken, il faut préciser qu'il échangeait les bouteilles avec beaucoup de rigueur et de droiture. Et qu'il servit généreusement, à partir d'un tonneau de deux cents litres, de l'imiaq qui, hélas, était encore en légère fermentation. L'une après l'autre, les bouteilles quittèrent la couchette de Lasselille pour être stockées sous des sacs à charbon dans le grenier.

Une fois la fête finie, Museau fit l'inventaire et arriva à vingt et une bouteilles d'eau-de-vie et seize caisses de bière, compte que les montagnards gobèrent sans protestation aucune. Personne n'ayant jamais pris pareille gueule de bois, la consommation n'avait rien d'invraisemblable.

Quand les participants, trois jours plus tard, furent à peu près remis, le chef mit l'expédition au régime sec jusqu'à l'arrivée au pied de l'Alaine. Parce que maintenant il était temps de passer aux choses sérieuses.

L'équipe de six hommes fut transportée en bateau jusqu'à l'île de l'Alaine où le pic en question jaillit du large fjord comme une quille brune. On les débarqua avec tout leur barda ainsi que, au plus grand dépit de Bjørken, soixante-dix-neuf bouteilles d'eau-de-vie et trente-quatre caisses de bière. Eu égard à l'ampleur des provisions, il fallut faire trois fois le trajet en bateau avant les adieux définitifs. On se mit d'accord pour revenir chercher les montagnards dès l'annonce du retour de la *Vesle Mari* à Cap Thompson.

Les montagnards installèrent leur bivouac, et pendant que le cuisinier préparait le souper, les autres étudièrent l'Alaine.

C'est un Bjørken muet et tendu qui revint vers Bjørkenborg. Museau, installé à la poupe, ne quittait pas de l'œil le campement à travers la longue-vue de Bjørken.

— On dirait qu'ils sont en train de replier les tentes.

— Ils vont aller installer leur camp de base du côté nord, grommela Bjørken. C'est le seul côté à partir duquel ils peuvent espérer escalader l'Alaine.

Quelques minutes s'écoulèrent. Puis Museau s'exclama, surpris :

— On dirait qu'ils laissent la grande tente d'intendance sur place, comme s'ils avaient la flemme de porter toutes les caisses de bière de l'autre côté.

Bjørken coupa le moteur et pendant un moment ils se laissèrent dériver avec le courant pour suivre les événements sur l'île.

— Ils ont laissé le cuisinier en faction, dit Bjørken, ils sont vraiment gonflés. Comme si on avait l'intention de les voler !

— Ça doit être à cause de ces ours américains dont tu leur as parlé, suggéra Lasselille.

Bjørken regarda son élève du coin de l'œil. Puis il hocha la tête vers Museau qui renvoya un regard entendu à son chef à travers ses épais verres de lunettes.

— Demain, nous reviendrons voir ce qu'il y a lieu de faire, décida Bjørken.

Il referma sa longue-vue dans un claquement et démarra le vieux moteur à pétrole.

Toute la nuit Lasselille fut occupé à cueillir de l'herbe autour de Bjørkenborg. Quand il en eut ramassé quatre grands sacs, il fut renvoyé vers l'île de l'Alaine dans la yole.

— Tu t'installes dans la baie du côté ouest, et tu restes là jusqu'à l'arrivée de Museau et moi, lui ordonna Bjørken. Et fais gaffe que personne te voie.

Une fois Lasselille disparu, Museau et Bjørken se

mirent à coudre. Tout le restant de la nuit, toute la matinée, ils furent occupés à coudre, et quand midi arriva, ils entreprirent de bourrer d'herbe deux peaux d'ours superbement raccommodées.

— Ils m'ont l'air un peu flasques, dit Museau qui avait un certain mal à ajuster un crâne pâli au soleil à l'intérieur des babines de l'ours.

— Manquerait plus que ça ! Ils ont marché depuis l'Amérique, normal qu'ils soient fatigués et affamés.

Bjørken eut son petit ricanement de renard et tourna avec satisfaction autour de son ours qui penchait un peu en avant comme s'il ne savait pas de quel côté se laisser tomber.

Le cuisinier de Horsens dormait à poings fermés. Il était tranquillement couché dans son duvet rouge, entouré de bière et d'eau-de-vie, quand le ciel lui tomba sur la tête. La tente s'écrasa sur lui, et il fut arraché à ses doux rêves par d'effroyables hurlements d'animaux sauvages et des coups violents sur le dos. Hurlant de terreur, il se débattit sous la toile de tente, arracha les piquets et sortit, hoquetant de frayeur, dans la nuit claire. Alors une vision d'horreur s'offrit à ses yeux. Deux gros ours, la gueule grande ouverte, étaient couchés sur la tente affalée. Ils grognaient et hurlaient en se roulant sur les caisses de bière coincées sous la toile.

Le cuisinier prit ses jambes à son cou. Comme un coup de blizzard il survola la bruyère, sans regarder en arrière une seule fois.

Museau et Bjørken furent près de la tente d'un bond.

— Prends l'eau-de-vie, cria Bjørken, moi, je m'occupe des ours.

Jamais dans l'histoire du nord-est du Groenland

autant d'eau-de-vie ne fut transportée sur une si grande distance en si peu de temps que ce jour d'été à l'île de l'Alaine. Lasselille faillit cependant gâcher l'opération. De la plage il avait vu un ours qui se déplaçait bizarrement au-dessus du sol. Mais comme il avait déjà vu maintes choses étranges au cours de ses années passées en Arctique, cet ours qui planait ne l'étonna pas outre mesure. Il saisit son fusil, visa l'ours voltigeur et tira. La balle rentra dans la tête, brisa une rangée de dents si bien que Bjørken reçut une grêle de morceaux de dents en plein visage.

Tout étonné, Lasselille abaissa son fusil en voyant l'ours continuer son chemin sans broncher, tout en hurlant d'une voix ressemblant à s'y méprendre à celle de Bjørken :

— Putain, qu'est-ce que c'est que cette histoire ? On tire sur son chef de station, maintenant ?

Avant que le cuisinier ait eu le temps d'alerter ses copains, et que ceux-ci se décident à écouter le récit un peu obscur que le cuisinier leur faisait de son agression, ceux de Bjørkenborg fuyaient déjà l'île, la petite yole pleine à couler d'eau-de-vie et les deux gros ours à leur traîne. La précieuse marchandise fut stockée au grenier, la trappe fermée avec un cadenas et la clef rangée au bout d'une ficelle autour du cou du chef de station. Ce soir-là, Lasselille réintégra sa couchette habituelle dans la salle de séjour.

Les choses étranges sont monnaie courante dans le nord-est du Groenland. Parmi les choses les plus inexplicables, il y a le fait que tout le monde sur la côte est toujours au courant des faits et gestes des autres, sans qu'il soit possible d'expliquer comment passent les informations.

La rumeur des exceptionnelles provisions d'alcool fort de Bjørkenborg se répandit sur toute la côte, de Ross Bay au nord jusqu'à Hauna au sud, avant même que la dernière bouteille soit bouclée au grenier. Et c'est pourquoi, dans la semaine qui suivit, les bateaux accostèrent à la queue leu leu à Bjørkenborg, remplis à ras bord de chasseurs assoiffés et d'humeur fêtarde qui « passaient juste dans le coin pour voir comment ça allait ».

Et c'est toute une troupe d'hommes impatients qui étaient rassemblés là lorsque William-le-Noir et Mads Madsen arrivèrent à bride abattue de Cap Thompson pour signaler que le capitaine Olsen était en train de fendre les glaces avec son vieux rafiot. Et beaucoup de bateaux suivirent celui de Bjørken quand il appareilla en direction de l'île de l'Alaine pour aller rechercher l'expédition comme convenu.

Et c'est un Club de montagnards parfaitement sobres et décantés qu'on trouva sur la plage. Ils racontèrent la terrible attaque qu'avait subie le cuisinier, le kidnappage de l'eau-de-vie de l'expédition et leur crainte permanente que les ours ne reviennent pour prendre la bière. Le but de l'expédition avait cependant été atteint en un temps record, un peu comme si tout le monde se sentait plus en sécurité en haut du pic de l'Alaine.

Bjørken et tous ses amis écoutèrent avec compassion, et quand Frederiksen eut fini son histoire, Bjørken lui dit :

— Si je me souviens bien, je vous avais mis en garde contre ces ours. Ce sont des gaillards fichtrement futés qui viennent d'Amérique par la toundra canadienne, et ils se sont chopé tout un tas de mauvaises habitudes en passant par les grands hameaux où ils ont effrayé les braves gens. C'est très facile de reconnaître ces bandits d'américains, et c'est typique de leur part de chaparder l'eau-de-vie et pas la bière. Nos ours à nous, dans un cas comme celui-ci, ils auraient simplement brisé quelques caisses, terrorisé à mort le cuisinier, et puis ils se seraient tirés en titubant d'ivresse. Ils ne seraient jamais allés jusqu'à prendre les bouteilles. Les américains sont vraiment très spéciaux. Nous, par exemple, nous voyons toujours tout de suite si ce sont des ours du coin ou des étrangers qui cassent nos baraques. Les boîtes de conserve constituent un bon indice. Nos ours à nous les jettent par terre et leur donnent une sérieuse baffe avec la patte si bien que le contenu sort de la boîte sous pression. Les américains, par contre, eux, ils tiennent la boîte contre la poitrine, défoncent le couvercle avec la griffe du petit doigt en guise d'ouvre-boîte et se vident le contenu dans la gueule.

À Bjørkenborg, on fit un dîner d'adieu bien sage parce que l'alcool maison faisait défaut et que le tonneau de bibine était pratiquement vide. L'ambiance n'outrepassa pas une jovialité de bon ton, bien que Bjørken, de la part de toute la station, offrît à l'expédition une grande peau d'ours qui, selon sa conviction absolue, avait appartenu à un américain. Frederiksen promit que la peau serait suspendue au mur dans le local du Club et qu'on apposerait une petite plaque en laiton portant le nom du généreux donateur.

Au cours de la fête, Lasselille disparut. Et c'est seulement quand la *Vesle Mari* eut accosté et commencé à prendre les montagnards à bord, qu'il revint avec le canot à moteur essoufflé. Il hurlait, faisant de grands moulinets des deux bras. De toute évidence, il voulait attirer l'attention du vieux rafiot.

De la plage, les chasseurs virent Lasselille laisser glisser le canot à moteur contre le flanc de la *Vesle Mari.* Bjørken ajusta sa longue-vue pour informer ses amis des faits et gestes de son apprenti.

— Il passe quelque chose à Frederiksen, expliqua-t-il, et il lui dit quelque chose que j'entends pas.

Bjørken pressa son œil tout près du verre.

— C'est comme si Frederiksen n'appréciait pas son cadeau. Il devient tout rouge, et maintenant il piétine le sol comme un taureau enragé, en lançant l'objet à la figure de Lasselille.

Bjørken passa la longue-vue à Mads Madsen.

— Lasselille a l'air encore plus penaud que d'habitude, raconta Mads Madsen. On dirait presque qu'il s'est mis à chialer. Allons bon, qu'est-ce qu'il a encore fait, le fiston ?

Il posa la question directement à Lasselille quand celui-ci remonta de la plage en rasant le sol.

— Je voulais leur faire plaisir, renifla le jeune chasseur. J'suis monté jusqu'en haut de l'Alaine pour vérifier qu'ils n'avaient rien oublié. Et j'ai trouvé ça, c'était resté accroché en haut avec quelques clous en cuivre.

Bjørken prit la petite plaque de laiton que Lasselille lui présentait.

« Le Club des Joyeux Montagnards Danois de 1897 a posé cette plaque en souvenir de son escalade de l'Alaine lors de l'été 1936. »

Le chef de station regarda, méditatif, son élève.

— Hum, et Frederiksen ne voulait donc pas la récupérer ?

— Il m'a traité de voyou et de choses pires encore, sanglota Lasselille.

Bjørken lui donna la plaque.

— Je propose, mon garçon, que tu cloues cette plaque au-dessus de ta couchette pour toujours te remémorer que dans ce bas monde il ne faut jamais s'attendre à la reconnaissance des gens.

Il fouilla sous son pull islandais où reposait la clef du grenier entre les voiles du trois-mâts carré tatoué sur sa poitrine. Avec un large sourire, il eut un geste solennel du bras.

— Veuillez entrer, mes chers amis. Puis-je de la part de ceux de Bjørkenborg vous offrir un petit verre d'eau-de-vie authentique pour fêter le départ du dernier bateau ?

Une histoire maritime

... où Olsen illustre le vieil adage « chassez le naturel, il revient au galop ».

Une année, ce fut comme si le bonheur — une fois n'est pas coutume — souriait au capitaine Olsen. Il convoya un plein chargement jusqu'à Scoresbysund, hébergea un passager payant pendant tout son périple et, au retour du nord-est du Groenland, rapporta un chargement de graisse de phoque et de peaux tout à fait acceptable. Si ses calculs tenaient la route, il ferait un bénéfice à tout casser ; voilà qui réchauffait Olsen jusqu'au tréfonds de son âme noire, parce qu'il avait tout doucement commencé à penser à sa retraite et à une petite maison à Ålesund pour le jour où le temps et l'usure auraient eu raison de la coque de la *Vesle Mari.*

La chasse du printemps dans les Glaces de l'Ouest avait été calamiteuse. Des amas de glace à la dérive, des tempêtes et autres diableries de cet acabit, et pas le moindre phoque en vue aussi loin que portent les jumelles. Cela avait été, à tout point de vue, un vrai voyage de « Vieil Éric », comme disent les chasseurs norvégiens pour parler d'un voyage diabolique.

C'est pourquoi Olsen fut soulagé de mettre cap vers Copenhague où il chargea, à Trangraven, le quai surnommé la Fosse à l'Huile de Baleine, des matériaux de construction et des provisions pour Scoresbysund, chargement facilement maniable. Le jour même du départ, il reçut son passager en la personne d'un anthropologue amateur, la comtesse Liljehorn, de vieille noblesse suédoise.

La comtesse était une dame dans la fleur de l'âge. Petite et proprette avec un chignon, des dentelles, des falbalas et autres colifichets tape-à-l'œil. Son chauffeur apporta quatre grandes valises par l'appontement, et le capitaine Olsen en fit des boucles sur lui-même de pure confusion. Certes, la *Vesle Mari* avait déjà vogué avec de la noblesse à bord, comme Lady Herta et le Comte de Grover Bay. Mais jamais avec une véritable comtesse garantie grand teint. Ce qui coupa les jambes à notre gros navigateur et le fit renifler comme un chien de chasse qui sent le gibier, c'est l'odeur exotique et insolite qui flottait autour du personnage de la comtesse, une odeur que le capitaine tenta, en vain, d'identifier.

La comtesse était une femme gentille et avenante. Elle n'eut rien à redire de sa cabine — en fait le salon d'Olsen — et elle ingurgita la nourriture du bord sans commentaire, ce qui lui gagna le cœur du cuisinier. Les seules petites manies par lesquelles elle se faisait remarquer, c'était son insistance pour manger dans sa propre porcelaine et avec son propre couvert, ainsi que le fait qu'elle arrosait tous ses repas de vin rouge. De plus, elle prenait tous les soirs un *sundowner*, un gin-tonic siroté en apéritif au coucher du soleil, et qui enflait au fur et à mesure qu'ils montaient vers le nord puisque le soleil mettait de plus en plus de temps à descendre, pour à la fin ne plus descendre du tout.

Le voyage jusqu'à Scoresbysund fut un vrai régal. Il faisait un calme plat. Une ample houle huileuse glissait paresseusement sous la bedaine arrondie de la *Vesle Mari*, sans avoir l'énergie de la soulever. Pour garder la forme, la comtesse marchait tous les matins et tous les après-midi d'un bord à l'autre du bateau, en coupant droit à travers la cabine de pilotage. Olsen, derrière l'homme de quart, la saluait, décontenancé, chaque fois qu'elle passait devant lui.

Olsen fut soumis à un étrange changement au cours de ce voyage. Tous les jours il arborait son uniforme, chemise blanche, cravate, et le pantalon plié au fer. Il souriait, faisait des courbettes, tenait les portes, et châtia même son vocabulaire d'ordinaire truffé des pires jurons. Il allait jusqu'à boire du vin rouge sans broncher, et s'adonna au gin-tonic à la place de son habituelle eau-de-vie de genièvre, ce qui ne laissa pas d'inquiéter l'équipage.

— Le diable m'écorche, c'en est fini du vieux maintenant, confia le second, un dénommé Bjørnsson, au mécanicien de bord. Il risque de devenir aussi noble que le Comte et bientôt il aura le fil à la patte avec bonne femme, marmots et un château à entretenir. Tu veux que j'te dise, fiston : c'est le démon de midi qui travaille notre vieil Olsen.

Ils arrivèrent dans les temps à Scoresbysund, et Olsen accompagna la comtesse à terre où il but du thé chez l'administrateur du comptoir en tapotant la joue de petits morveux d'Eskimos avec un air paternel. La comtesse étudiait la population avec zèle et notait ses observations et ses impressions dans un petit carnet à la couverture brodée, pendant qu'Olsen, galant, tenait l'ombrelle au-dessus de sa jolie frimousse.

Quelque part entre le soixante-dixième et le soixante-douzième degré de latitude nord, Olsen prit conscience qu'il était amoureux. Dans le même temps, il constata, un peu déconcerté, que la comtesse se laissait volontiers servir par le second ainsi que par le maître d'équipage, bien qu'ils aient l'un et l'autre un langage fort peu orthodoxe, qu'ils boivent du punch tous les soirs et qu'ils se vident la vessie sans vergogne par les écoutilles, juste sous les hublots du salon. Oui, il lui semblait presque qu'elle lui préférait ces grossiers personnages, à lui si raffiné, si cultivé.

Olsen suivit la côte le long du Pays de Jameson et pénétra dans le large bras de mer qui menait jusqu'à Cap Thompson, sans faire la moindre rayure au vieux carénage de cuivre. Le capitaine accosta, et se comporta d'une manière qui inquiéta jusqu'à Mads Madsen. Parce que Olsen n'était que sourire et gentillesse ; il alla jusqu'à évaluer distraitement plusieurs peaux de renard de second choix pour des premiers choix, et oublia complètement de demander un acompte pour son billet à Petit Pedersen quand celui-ci lui annonça qu'il voulait partir prendre des vacances en Europe.

Le capitaine n'était plus lui-même. Il laissa le second se débrouiller avec le déchargement et le rechargement, et suivit la comtesse où qu'elle aille. Ils explorèrent le pays, ouvrirent plusieurs vieilles tombes d'Eskimos et trouvèrent deux crânes bien conservés qu'ils emballèrent et placèrent dans des boîtes de biscuits que le mécanicien souda pour que l'air n'y entre pas. Olsen eut la chance insigne de tomber sur la vertèbre fossilisée d'une baleine que quatre hommes équipés d'un palan réussirent à hisser à bord sans dégâts. La comtesse scribouillait énergiquement dans son carnet, tandis qu'Olsen tenait l'ombrelle et chassait les moustiques.

Avant le départ, il s'ouvrit à l'avocat Volmersen. Il avait l'intention de demander sa main à la dame et voulait savoir si ce genre de mariage pouvait entraîner des complications d'ordre juridique.

Volle médita l'affaire au cours de la nuit, mais n'y trouva pas d'obstacles. Que la dame soit fortunée — elle avait bel et bien emporté quatre valises, de la porcelaine, des couverts en argent et son propre vin à bord du bateau — ne pouvait pas faire de mal à Olsen.

Dès que le capitaine fut hors de portée de voix, Volle fit passer la nouvelle. On ne trouva personne pour envier Olsen. Mads Madsen se gaussa un brin et prétendit que le mariage était comparable à ces maladies chroniques que sont les hernies étranglées ou les hémorroïdes. Anton écrivit un poème de huit lignes qu'Olsen pourrait débiter pour sa demande en mariage, et Valfred prit le capitaine à part et lui déclara en connaisseur que cette comtesse était une vraie dame eu égard à cette persistante odeur de chou, si caractéristique justement des vraies dames.

La *Vesle Mari* repartit cependant avant qu'Olsen n'ait eu le temps de prendre son courage à deux mains pour tomber aux pieds de son égérie, ce qui constitua une déception pour la population du nord-est du Groenland qui aurait eu, avec cette demande en mariage, une matière de premier choix pour les longues conversations de l'hiver à venir.

On donna exagérément de la corne de brume à l'occasion du départ. Le capitaine Olsen, la comtesse à ses côtés, salua jusqu'au moment où les chasseurs sur le banc devant la station ne furent plus que treize petites taches noires contre le mur.

À dix milles de la côte, ils rencontrèrent la glace. Elle était épaisse, mais pas compacte au point de gêner Olsen dans ses manœuvres. Debout dans le tonneau, il regardait le ciel, fermait ensuite les yeux pour inspirer, exactement comme le Comte quand ce dernier renifle des vins millésimés, après quoi il hurlait des ordres à l'homme de gouvernail. Et ainsi le petit bateau labourait lentement l'immense ceinture de glace.

Au grand dépit d'Olsen, Petit Pedersen fut invité à dîner dans le salon. « Notre cher Monsieur le chasseur de fourrure », comme la comtesse le nommait, ce qui donnait à Pedersen un sentiment de respect inattendu pour sa propre personne, lui qui n'avait guère été que bonnetier avant de débarquer au Groenland.

Un soir où ils étaient coincés dans la glace, Olsen descendit de son tonneau et se rendit d'un pas déterminé au salon. Gémissant, il se mit à genoux aux pieds de la comtesse et commença à déclamer le beau poème d'Anton. Avant même qu'il arrive, de sa voix bégayante, à la fin de la poésie, la porte s'ouvrait brutalement et Petit Pedersen passait la tête. Il éclata de rire en voyant Olsen, s'excusa et déclara que, un gros phoque barbu traînant sur la banquise, il avait l'intention de quitter le rafiot pour descendre la bestiole en question qui pourrait assurément faire une bonne et chaude descente de lit pour la comtesse.

Olsen donna son autorisation en grommelant. Il se releva et suivit la comtesse jusqu'au pont, d'où elle souhaitait assister à cette chasse excitante.

Pedersen en fit un grand numéro de mise à mort. D'abord, il progressa sur la glace à quatre pattes, puis se coucha sur le dos en gigotant des bras et des jambes pour que le phoque croie avoir affaire à un congénère. La comtesse applaudit en l'appelant « son cher chasseur de fourrure qui courageusement mettait sa vie en péril pour lui offrir, à elle, une descente de lit ». Olsen eut un sourire aigre.

Juste au moment où Pedersen logeait une balle dans la tête du phoque, le vent se leva ; rafale après rafale, il mit la glace en mouvement vers l'est. Olsen s'excusa et remonta dans le tonneau pour évaluer la situation.

Tout se déclencha brusquement, comme c'est souvent le cas en Arctique. Le vent et le courant se mirent à faire chanter la glace, une chanson qu'Olsen n'aimait pas du tout ; on venait à peine de crocheter le phoque et de le hisser à bord, ainsi que Pedersen, que la glace se mit à serrer. Debout sur le pont, la comtesse dévorait le spectacle des yeux. Les plaques de glace se cabraient rageusement les unes contre les autres, les petites étant brisées par les grandes, elles-mêmes brisées par de plus grandes encore. Les débris de glace du fjord, lourds de plus d'une tonne, étaient concassés ensemble, dans un vacarme effrayant. Ils soulevèrent la *Vesle Mari* hors de l'eau et la hissèrent dans les airs. D'abord elle bascula sur tribord si bien qu'Olsen fut éjecté hors de son tonneau, puis elle se redressa pour osciller sur bâbord, où elle fut éperonnée par un petit iceberg qui s'enfonça dans son flanc juste sur la ligne de flottaison.

Olsen parvint à se relever.

— Putain de bordel, hurla-t-il à l'amas de glace, t'as pas les yeux en face des trous ou quoi ?

Le choc projeta en arrière l'iceberg qui, poussé par une lame de fond, se fraya un passage dans la masse des glaces.

— Tu veux crever mon rafiot ?

Olsen le menaçait du poing. Il fixa le pont où la comtesse, un petit sourire confus aux lèvres, s'agrippait de toutes ses forces au bastingage.

— Tout le monde sur le pont ! hurla-t-il. Dépêchez-vous, bande d'enfoirés, et n'oubliez pas la bonne femme !

Petit Pedersen gravit l'échelle du pont et donna la main à la comtesse.

— Nous devons malheureusement descendre sur la glace, madame, dit-il avec regret. C'est un ordre du capitaine.

La comtesse secoua la tête.

— Je suis désolée, monsieur le chasseur de fourrure, dit-elle gentiment, mais je ne peux vraiment pas, chaussée comme je suis. Si seulement j'avais eu mes bottines à lacets !

De la glace en bas, Olsen vociférait :

— Alors, ça vient, oui ou merde ?

Petit Pedersen se pencha par-dessus bord.

— Elle veut pas. Elle dit qu'elle a pas les bonnes chaussures.

Le capitaine Olsen devint écarlate. Il cracha par trois fois loin devant avant de hurler :

— Assomme-la ! C'est un ordre !

Pedersen prit les mains de la comtesse et ensemble ils glissèrent à travers le pont. Il la souleva avec un sourire plein d'excuses, et quand Olsen beugla : « Laisse tomber ! » il la passa par-dessus bord. Elle voltigea sur le flanc du bateau pour atterrir dans les bras d'Olsen. Délicatement, il la déposa avant d'aller inspecter les dégâts. À la vue du trou béant, il fut saisi par la rage.

— Sacré bordel à queue de pompe à merde ! cria-t-il, hors de lui.

Et il arracha sa casquette et se mit à la piétiner.

— Quand la glace lâchera prise, nous coulerons à pic.

La comtesse Liljehorn s'était installée très décorativement sur un pain de glace. Elle regardait le capitaine avec curiosité. L'équipage s'était rangé à distance raisonnable de ce fou furieux.

En grommelant, Olsen marchait de long en large devant le trou qui semblait lui rire au nez avec insolence. Le doublage vert-de-gris avait été déchiré, et Olsen avait une vue directe sur tous les tonneaux de graisse de phoque de Scoresbysund.

Le vent ne mollissait pas et la pression de la glace se maintenait. Pour l'instant, le rafiot était coincé en toute sécurité entre deux gros bourrelets de glace, et Olsen jugea bon d'envoyer le mousse à bord chercher du papier et de quoi écrire. En grognant, Olsen s'assit sur le pain de glace à côté de la comtesse et se mit à calculer. Son rafiot était mal assuré, ce qui était de bon ton et du genre rentable tant qu'il flottait. Mais par contre, si au cours de la nuit il se mettait à couler, c'était la catastrophe. C'est pourquoi Olsen se voyait obligé de déclarer la perte de pas mal de peaux en plus de celles qu'il avait à bord, ceci sans prendre de risques démesurés vu que le Détroit de Danemark est profond et capable de tenir un secret. Il calculait, et raturait, et suçait son crayon en soupirant.

— J'peux pas ! On ne chasse pas autant de peaux en dix ans. Bordel !

— Quelque chose ne va pas, mon ami ?

La comtesse posa une main sur son bras.

Olsen en laissa tomber son crayon. Il plongea au fond des yeux bleus et interrogateurs, et constata qu'ils avaient exactement la même couleur que la mer par une nuit d'été à la hauteur d'Ålesund. « Mon ami ! » Les mots résonnaient en lui ; il en tomba à genoux pour la deuxième fois. Puis il récita avec beaucoup de conviction le poème d'Anton, tandis que l'équipage et Petit Pedersen regardaient et écoutaient bouche bée. Bjørnsson, le second, eut un frisson d'horreur en entendant la demande en mariage, et son sang se glaça quand la comtesse gazouilla son « oui ». Elle tapota affectueusement Olsen sur la tête comme si c'était un vieux chien fidèle et lui dit :

— Je veux bien me marier avec vous, mon ami, et c'était un beau poème dont je doute fort qu'il vienne de vous. D'ailleurs, je vous préfère quand vous dites « putain » et « nom de Dieu ».

Un grand sourire de soulagement fendit la barbe d'Olsen. Il se leva et lui pinça affectueusement la joue. Puis il se tourna vers l'assemblée pétrifiée.

— Mais qu'est-ce que vous attendez, sacré bon Dieu de bordel de merde ! Mais regardez-moi ce ramassis de faces de rats ! Allez, ouste !

L'équipage recula devant l'avancée d'Olsen. Mais plusieurs eurent un soupir de soulagement maintenant que c'en était apparemment fini des sourires mielleux et des manières patelines. Olsen poussa le second de son gros ventre :

— Alors, tu vas me le boucher, ce putain de trou, plutôt que de me regarder avec ces yeux bovins, et que ça saute ! Parce que maintenant la comtesse Liljehorn se rend à Ålesund où elle va devenir Mme Olsen, voilà, tu sais tout.

Quand Petit Pedersen, à son retour l'année d'après, rapporta cette histoire à ses amis, il termina en disant :

— Et il s'est vraiment marié, Olsen. On a réussi à se sortir des glaces et à rentrer au Danemark grâce à un temps calme. Quand nous avons pénétré dans Trangraven, Olsen était sur le pont, jurant comme jamais auparavant. La comtesse s'était installée dans le tonneau pour faire joli, et mon gros phoque barbu servait de bouchon pour le trou que la glace avait causé. Il paraît qu'ils se sont mariés à Ålesund et qu'il a fallu qu'Olsen mette toutes ses économies dans un vieux château en Suède pour qu'il ne s'écroule pas. Et c'est pourquoi il est resté aussi grognon, avare et rusé qu'avant.

Mads Madsen hocha la tête pensivement. Il tira sa pipe de la bouche et la tapota contre le talon de sa botte-sabot.

— Remercions le Seigneur, dit-il doucement. Autrement, qui aurait eu encore longtemps le cœur et la conscience qu'il faut pour marchander avec un idiot malade d'amour qui ne fait même plus la différence entre des peaux de renard de premier choix et des peaux de deuxième choix ?

Un délicieux détour

... Où l'on suit un écrivain en herbe sur les glaces, et dans les verts pâturages des sens.

Anton avait réussi à faire publier un de ses romans et, partant, n'était plus n'importe qui. Tout à coup, il était devenu intéressant d'écouter Anton, qui parlait maintenant avec plus de poids que l'année précédente quand il n'était encore qu'un morveux efflanqué servant d'acolyte à Herbert à Guess Grave. Suite à la publication de son livre, les visites à Guess Grave s'intensifièrent parce que les chasseurs du nord-est du Groenland étaient tous impatients de jeter un œil à l'œuvre d'Anton et d'entendre de leurs propres oreilles parler le maître.

Et Anton ne se faisait pas prier. Il expliquait son livre et ses nombreuses idées étonnantes, tandis qu'Herbert, son compagnon de station, servait le café et autres friandises aux visiteurs sur la pointe des pieds, en prenant garde de ne pas déranger.

Le livre d'Anton suscitait un tel intérêt que même Valfred s'arracha exceptionnellement tôt de son hibernation pour se laisser transporter jusqu'à Guess Grave par le Lieutenant Hansen.

Ce fut un voyage agréable pour tous les deux. Valfred passa l'essentiel du trajet allongé entre les peaux sur le traîneau, d'où il encourageait les chiens avec des petits raclements de gorge et Hansen avec des mots élogieux sur ses talents de cocher de traîneau. De temps en temps, il se réveillait après un petit somme et pouvait alors être aussi lyrique que philosophe.

— Ce pays, petit Hansen, ne peut être que le pays même des dieux.

Hansen marchait énergiquement derrière le montant du traîneau. Son visage ruisselait au soleil de printemps, et les longues moustaches pointues jaillissaient de chaque côté de son nez d'où dégouttait une paire de stalactites.

— Bizarre alors qu'on ne les voie pas un peu plus, murmura-t-il, parce qu'il faut chercher longtemps avant de trouver un pays plus abandonné de Dieu.

Valfred leva un regard souriant vers le visage du Lieutenant.

— C'est exactement ce que je veux dire, fit-il.

Il était agréable de discuter avec Hansen parce qu'il contredisait rarement les gens.

— C'était exactement les mots « abandonné de Dieu » que j'avais en tête. Parce que je crois qu'au fond les dieux sont comme nous autres, les humains, et c'est pour ça qu'ils ne restent pas chez eux.

Le Lieutenant sauta sur le bord arrière du traîneau, et les chiens tournèrent la tête en lui envoyant des regards réprobateurs. Mais comme Hansen persistait à rester là où il était, ils continuèrent à tirer, résignés.

— Qu'est-ce que tu veux dire au juste quand tu dis que les dieux sont comme les humains, Valfred ?

Le Lieutenant accrocha son fouet au montant et se pencha par-dessus le sac du traîneau. Valfred se tourna de manière à être couché transversalement.

— Ben, tu vois, Hansen, toi qui as vécu dans la civilisation à une certaine époque, t'admets que c'était pas spécialement divin, n'est-ce pas ? Si les dieux n'avaient pas été comme nous, tout aurait probablement été un peu moins humain.

Hansen réfléchit un peu avant de dire :

— T'es un peu difficile à suivre, Valfred. Mais si les dieux sont comme les humains, eh bien nous, nous sommes aussi comme des dieux ?

Valfred rigola doucement. Il laissa sa langue glisser sur la surface impeccablement lisse de ses dents du commerce.

— Voilà que tu dis quelque chose, Hansen, à quoi j'avais pas du tout pensé. Mon idée, c'était que la plupart d'entre nous, on a un petit coin de géographie qu'on aime et dont on a toujours la nostalgie. Soit qu'on se l'imagine, soit qu'on y a été et qu'on a envie d'y retourner. L'Afrique, Lolland ou les Marquises. Mais pour la plupart d'entre nous, on doit rester là où on est et se contenter de rêver. Parce que la plupart des gens sont diablement pris par le quotidien et coincés dans un autre lieu que celui qu'ils aiment. Ici, Hansen, c'est le domaine privé des dieux, mais ils ont pas beaucoup le temps d'y venir avec tout ce qu'ils ont à faire ailleurs. C'est peut-être pour ça que c'est à ce point divin ici.

Hansen tournicotait pensivement sa moustache. Il n'y voyait pas complètement clair dans la philosophie aléatoire de Valfred. Il se contenta donc de murmurer entre les dents :

— C'est bien possible, Valfred. Pas complètement impossible, même.

Avec un sourire heureux, Valfred se renversa sur la peau de bœuf musqué en reposant sa nuque légèrement contre le sac de voyage. C'était un bonheur d'avoir un compagnon comme Hansen, pensa-t-il, un être assez ouvert pour aller au-delà de ses opinions personnelles.

L'arrivée des deux amis à Guess Grave fut une heureuse surprise, et ils y furent chaleureusement accueillis. Herbert grilla des steaks de morse grands comme des abattants de cuvette de W.-C., et les arrosa de deux bouteilles de vin du Comte, du chablis grover 31, un vin réunissant tout le charme, le caractère et la rondeur du Nord. Après le dîner, ils s'installèrent à l'aise autour de la table et parvinrent à allumer chacun son cigare de la fabrication de Volmersen. Et c'est là que le Lieutenant entreprit de soumettre Anton à la question.

— On raconte sur la côte que t'as édité un écrit, Anton.

Anton eut un sourire modeste et se leva pour aller chercher sa première publication dans son bureau, c'est-à-dire son tonneau de graisse de phoque installé derrière la grand-voile de la yole suspendue dans un coin de la salle principale. Le Lieutenant lissa les bouts de sa moustache.

— Il s'agit de quelque chose en particulier ? demanda-t-il, intéressé.

— De l'amour, s'empressa de répondre Herbert à la place d'Anton, un roman fin et bien écrit sur l'amour.

Le Lieutenant saisit le livre et le feuilleta.

— Un sujet sympathique, mais difficile, dit-il d'une voix calme, et un livre joliment imprimé, je trouve.

Il le passa à Valfred, qui, passablement alourdi par le dîner, s'était installé dans la couchette d'Herbert. Il regarda longuement la première puis la dernière page.

— Ça doit pas être évident de rassembler un livre comme ça, dit-il avec admiration. Et qu'est-ce qu'il est épais, Anton ! Tu t'es vraiment appliqué depuis que tu habitais avec moi à Fimbul.

Il sourit à son élève d'autrefois.

— Et il s'agit d'amour, tu dis. Hé, hé, eh oui, t'as toujours eu des problèmes de ce côté-là. Mais c'est peut-être finalement mieux de se sortir des difficultés en écrivant qu'en baissant son pantalon pour s'en débarrasser en courant contre le vent du sud-est.

Il frappa la couverture de la jointure de ses doigts.

— Un livre beau et épais, Anton. Quand est-ce que tu l'as eu ?

— Il est arrivé avec le bateau, répondit Anton.

Valfred rendit rapidement le livre, puis il s'essuya soigneusement les doigts dans la couverture d'Herbert.

— T'es sûr que ce livre n'est pas un peu enrhumé ? demanda-t-il.

Anton le regarda, l'air vexé. Ils n'avaient jamais été complètement en phase, ces deux-là, Anton et Valfred.

— Qu'est-ce que tu veux dire par enrhumé ? demanda-t-il.

— Rien de méchant, petit Anton. Mais un livre comme ça peut très bien avoir un putain de rhume, tu comprends, et ça peut être fichtrement contagieux. D'ailleurs, les livres peuvent avoir toutes sortes de maladies. C'est entre les lignes et ça peut se voir qu'avec une loupe. Une vraie peste pour la santé, les livres. T'en prends un entre les mains et tu te mets à lire, et le lendemain t'es couché avec un mal de crâne pas possible et des délires et des choses pires encore. Je le sais parce que j'ai été contaminé y a deux étés, voilà pourquoi j'te le dis.

— Contaminé par un livre ? demanda Anton, étonné.

— C'est-à-dire, pas tout à fait ; plus exactement par

une bouteille de rhum que le capitaine Olsen cache toujours enfilée dans une carte marine au mess. J'en prends une sérieuse gorgée sans qu'il me voie, et pan, me voilà contaminé par une saloperie qui m'a poursuivi la moitié de l'hiver.

— Ben alors, ça n'avait rien à voir avec les livres, protesta Anton en secouant la tête.

Le Lieutenant regarda avec indulgence le jeune poète.

— Si Valfred dit que les livres contaminent, il sait de quoi il parle. Et quelle est la différence entre un livre et une bouteille de rhum ? Il se pourrait bien que Valfred veuille dire quelque chose de plus profond, parce qu'il dit rarement quelque chose qui ne donne pas matière à réflexion.

Le sourire de Valfred enveloppait à la fois Anton et le Lieutenant quand il se renversa dans la couchette en fermant les yeux. Il avait fait passer son message et, comme toujours, Hansen l'avait amélioré.

Anton se leva et passa dans son bureau. Là, il s'installa à son tonneau et se mit à réfléchir sur l'hypothèse des livres enrhumés. Il s'ouvrit complètement à cette idée, parce que, en tant qu'écrivain, Anton était ouvert à la plupart des choses, et même si, a priori, ça allait contre ses convictions que Valfred soit capable d'accoucher d'une pensée tant soit peu profonde, il devait admettre qu'il pouvait y avoir, dans le concept des livres enrhumés, davantage et autre chose que le microbe qui donne le nez rouge et les yeux larmoyants. Quand il eut fini de penser, il entrouvrit la grand-voile et cria dans la salle de séjour :

— J'ai décidé de partir pour l'Europe cet été.

Puis il referma, coinça le tonneau entre ses jambes et posa le crayon sur le papier pour y coucher un poème sur les forces négatives des mots et leurs effets contagieux.

Anton avait si souvent prétendu qu'il voulait partir pour l'Europe que plus personne n'y faisait attention. C'est seulement au moment où son éditeur annonça par le sans-fil son intention de publier un nouveau livre, un recueil de poésie cette fois, et qu'il souhaitait la présence d'Anton le jour de sa sortie, que ses compagnons comprirent que, cette fois-ci, c'était pas du pipeau.

Le télégramme arriva en avril et pendant un mois entier Anton se réjouit de l'avancement de ses affaires. Puis une inquiétude sournoise se mit à le ronger. Il passa bien des nuits blanches, et quand enfin il arrivait à dormir quelques heures, c'était pour se réveiller le cœur battant la chamade et le corps couvert d'une sueur froide.

Naturellement, il essayait d'analyser ses angoisses. « Anton, se dit-il sévèrement à lui-même un jour qu'il montait en traîneau jusqu'au Détroit de Vega pour vérifier les pièges, Anton, maintenant il faut te ressaisir, sacré bon sang ! T'es bachelier, t'as fini ton apprentissage de chasseur et t'es poète, qu'as-tu donc à craindre ? Réjouis-toi, bonhomme ! »

Et il se mit en devoir de se réjouir le restant de la journée. Avec un certain succès d'ailleurs tant que le soleil scintillait sur la glace et que les chiens glapissaient de zèle et de bonheur parce que c'était le printemps. Mais dès qu'il était à nouveau couché pour la nuit dans une cabane de chasseur ou sous la tente, certaines visions le submergeaient à nouveau. Arrivait la femme sans visage, miss Ma-kin ou la splendide Emma. Avec celles-ci ça allait, parce que c'étaient des amies de longue date. Mais ensuite se passait systématiquement autre chose qu'il ne maîtrisait pas. Le joli visage d'une jeune fille, et puis d'une autre, et d'une autre encore s'imposaient à lui, qu'il ait les yeux ouverts ou fermés. Elles le dévisageaient de leurs grands yeux candides, et c'est à ce moment-là que les sueurs froides s'abattaient sur lui, l'obligeant à sortir de son sac de couchage et à aller jusqu'à la cuisinière où il se grillait un bifteck histoire de se calmer.

C'est seulement la veille de son départ de Cap Thompson qu'il parla à ses amis de ses difficultés. Et tous firent ce qu'ils pouvaient pour dédramatiser et le réconforter.

— C'est pas aussi grave qu'on a tendance à s'imaginer, dit Siverts. La dernière fois que je suis parti en vacances, moi aussi j'étais vachement inquiet par rapport à ces histoires de bonnes femmes. Putain, c'que j'étais mal à l'aise en remontant Strandgade avec mon sac marin, mon fusil et une peau de bœuf musqué enroulée sur la nuque.

Il secoua pensivement la tête.

— J'aurais préféré rester à bord et repartir chez moi, tellement je me sentais ridicule. Mais y a toujours quelque chose qui te sauve, Anton, un peu comme si tout était prévu par le *big boss* là-haut. Parce que juste quand je marchais là, un dimanche matin, sous un soleil pâle qui allongeait les ombres, je passe à la hauteur du deuxième bistro sur la gauche en remontant à partir de Trangraven. Et devant le bistro, une luxueuse dame assise sur une chaise me souriait. Elle était comme faite en buvard, tu vois, parce qu'elle épongeait toute l'inquiétude de mon corps rien qu'en me souriant.

Légèrement embarrassé, Siverts brassa ses cheveux roux et hirsutes, tout en ayant un rire niais.

— Il ne s'est rien passé d'autre ? demanda William, qui avait déjà entendu mille fois l'histoire mais ne s'en lassait jamais.

— Ben, si, c'est-à-dire que j'ai loué le bistro avec dame et mobilier pendant quinze jours, dit Siverts.

Il fixa le plafond d'un air rêveur.

— C'était l'année où Lause était parti en Amérique dans ses tonneaux de salaison, alors j'avais une petite déprime à soigner.

Fjordur élargit ses immenses narines et renifla fortement.

— Un bistro dans Strandgade avec tout le mobilier et une dame somptueuse, soupira-t-il avec langueur. T'y dormais aussi ?

— Chaque nuit, dit Siverts en hochant la tête, et même des fois un peu pendant la journée. À ce moment-là, on déroulait la peau de bœuf musqué derrière le comptoir de manière à être juste sous le robinet de la bière pression.

— Quelles vacances !

William-le-Noir secoua la tête.

— Ce genre de truc ne m'est jamais arrivé, à moi. T'as dit le deuxième bistro sur la gauche ?

— À partir de Trangraven, oui.

Siverts leva les yeux avec un large sourire. Il tapota Anton dans le dos pour l'encourager.

— Tu verras, Anton, le *big boss* là-haut il a sûrement quelque chose pour toi aussi dans sa hotte à friandises. Tu t'habitueras à tout là-bas en bas. Et si t'aimes pas, t'auras qu'à rentrer.

Et puis, Anton monta à bord de la *Vesle Mari* qui était le premier contact de l'année avec le monde extérieur, et avec un peu de chance le dernier aussi. Ses nombreux amis restèrent sur le banc devant la maison à écouter Bjørken commenter les mouvements d'Anton avec sa longue-vue.

— Maintenant il est monté dans le tonneau, informa Bjørken. Il fait des grands signes vers nous et hurle quelque chose.

— C'est sûrement un poème d'adieu, soupira Herbert, ému.

Il avait un chat dans la gorge qu'il fit passer en articulant un « ce petit merdeux ! ».

La *Vesle Mari* slalomait à travers les glaces qui gisaient en rangs serrés et paresseux dans la baie, dégoulinantes sous le soleil majestueux. Et quand le Comte et Volle apportèrent les rafraîchissements du soir aux esseulés, le vieux rafiot avait disparu à l'horizon, et un nuage noir haut au-dessus de la glace témoignait seul, encore, de son existence.

Valfred était couché dans la bruyère, appuyé sur un coude. Il savourait avec satisfaction le punch du Comte, un punch chaud, sucré et corsé.

— Ce sera quand même pas facile pour Anton là-bas en bas, dit-il avec tristesse, imaginez-vous : ne plus jamais pouvoir pousser l'horizon.

Les vieux chasseurs hochèrent la tête pour acquiescer. Seul Petit Pedersen, qui n'était pas complètement familiarisé avec l'expression, demanda :

— Cette histoire de pousser l'horizon, Valfred, qu'est-ce que ça veut dire au juste ?

Valfred lécha sa barbe aussi loin que portait sa langue et déposa son verre dans la bruyère. Il se coucha de tout son long et cala confortablement sa nuque dans la veste roulée du Lieutenant.

— Ben, tu vois, Pedersen, quand tu ressens le besoin de te vider les intestins, tu vas, au cas où t'es pas l'heureux propriétaire de chiottes comme Siverts, jusqu'à la plage, et tu t'installes. Et là, dans la paix de l'âme et le bien-être du corps, tu te purifies. À un certain moment au cours de ce processus merveilleux, c'est comme si tu poussais un peu l'horizon. Et ça peut être bigrement dur pour Anton de se passer de ce moment, maintenant qu'il s'y est habitué.

Siverts leva son verre devant ses yeux et regarda à travers.

— Bien que j'aie des tinettes chez moi, dit-il, il m'arrive d'aller sur la plage et de m'y installer. Surtout en été quand tout est calme, qu'il fait chaud et que la vue sur le fjord est superbe. On est si émerveillé quand on est là, à regarder, qu'on en oublie même les moustiques. Dieu seul sait si Anton va trouver un endroit à Rødovre où il pourra pousser l'horizon en toute quiétude...

Ils continuèrent à parler d'Anton pendant longtemps, et c'est seulement quand Herbert se mit à lire à haute voix un passage de son roman que la plupart d'entre eux s'endormirent sur le banc, le premier soleil du matin sur le visage.

À bord de la *Vesle Mari*, Anton fut traité comme un invité de marque. Le capitaine Olsen reniflait en lui de la grandeur, et là où il y a de la grandeur, il y a le plus souvent aussi de l'argent. Les auteurs célèbres gagnaient des millions, lui avait-on dit, et peut-être Anton serait-il vraiment célèbre un jour.

Anton ne pensait pas beaucoup aux honneurs et à la célébrité. Ses pensées tournaient constamment et avec inquiétude autour des femmes. À part l'imaginaire Emma et miss Ma-kin qui devint la fiancée d'Halvor, il n'avait pas approché un jupon depuis quatre ans. Il avait écrit sur elles et vécu intensément avec elles dans ses livres, il les avait aimées et adulées, et elles lui avaient manqué. Et maintenant que le rêve devenait inexorablement réalité parce que la *Vesle Mari* grignotait, mille après mille, la distance qui le séparait de l'Europe, le rêve se transformait en cauchemar.

Allongé dans sa couchette, il écoutait le raclement de la glace contre le bateau et il avait des sueurs froides à l'idée de l'inévitable. La terreur grandissante tournait à la paralysie, et au beau milieu de la troisième nuit dans les glaces, Anton jaillit de sa couchette et sortit de sa cabine. Il avait pris une décision irrévocable.

— Olsen, haleta-t-il une fois qu'il se trouva devant le capitaine sur le pont, veux-tu bien me rendre le service d'arrêter ton rafiot et de me déposer ?

Olsen regarda le poète avec étonnement. Il poussa en arrière la visière luisante d'usure de sa casquette et plissa les yeux. « Vertigo à retardement », pensa-t-il. Cela arrivait en cours de voyage à l'aller comme au retour, dès que des esprits fragiles perdaient les pédales avec le quotidien et l'habituel.

— Allons bon, tu veux déjà redescendre, Anton ?

Il regarda par-dessus le bord du bateau où des grandes plaques de glace noueuses se déplaçaient paresseusement sous la pression de la *Vesle Mari.*

— Tu trouves peut-être que ça va trop lentement et tu veux courir devant ?

Anton secoua la tête avec impatience.

— J'veux plus aller au Danemark, dit-il, c'était un malentendu. Sois gentil, stoppe les machines et laisse-moi descendre. Tout de suite.

Olsen se gratta la nuque. Il eut un geste désarmé du bras.

— J'ai peur que ça soit pas possible, Anton. Ton

chef de station m'a payé pour ton retour, et, dans ce cas, c'est mon putain de devoir en tant que capitaine de te faire faire tout le trajet. Mais allons plutôt dans le salon pour en discuter.

Et c'est ce qu'ils firent. Olsen se répandit sur les merveilles de l'Europe tout en gavant Anton d'un genièvre visqueux. Anton perdit rapidement l'usage de la parole, la tête lui tournait et il fixait le capitaine de ses grands yeux effarés.

Quand Anton fut endormi, Olsen l'installa sur son canapé pelucheux et le recouvrit délicatement d'une couverture.

— Voilà, monsieur le poète, maintenant tu dors gentiment jusqu'au moment où nous aurons atteint la pleine mer. Et à moins que tu puisses marcher sur l'eau comme un autre grand bonhomme avant toi, tu resteras probablement à bord jusqu'à Copenhague.

Mais les choses ne se passèrent pas tout à fait comme avait prévu Olsen. Il y avait de la glace tout le long de la côte est du Groenland jusqu'au-dessous de l'Islande, et cette glace paresseuse bloquait le bateau de toute la pression de son indolence, et ce en l'absence du moindre souffle de vent. Donc, quand Anton se réveilla le lendemain matin et s'arracha lentement et à tâtons à l'étreinte du genièvre, son inébranlable résolution lui revint. Il parvint à s'extraire en gémissant du canapé d'Olsen et se glissa hors du salon. Il remplit rapidement son sac marin, agrippa son fusil et gagna la poupe en rasant les coursives où la vigie ne pouvait pas le voir. La *Vesle Mari* attendait, presque immobile, que deux grosses plaques veuillent bien se séparer. Anton profita de l'occasion pour balancer son sac et son fusil par-dessus bord, et après un dernier regard vers le pont, il sauta lui-même. Il resta un moment là, à regarder le bateau qui lentement disparut dans un vague brouillard de glace.

Anton sentit le bonheur lui traverser le corps. Après tout, les femmes là-bas dans le Sud n'avaient qu'à se débrouiller sans Anton Pedersen. Et toutes ces histoires d'honneur et de célébrité n'auraient qu'à attendre une prochaine fois. En fin de compte, tout cela concernait moins l'auteur que son œuvre. En souriant, il écoutait le ronronnement des moteurs de la *Vesle Mari*, et quand ce ne fut plus qu'un lointain bourdonnement, il passa son fusil en bandoulière et se mit à marcher de plaque en plaque.

À certains endroits, il lui fallut attendre que les blocs de glace se rejoignent avec le courant, mais la plupart du temps il pouvait marcher de champ de glace en champ de glace sans même avoir besoin d'ajuster la longueur de ses pas. Une vraie balade, pensa-t-il, et il prit plaisir à chaque instant. Ses visions de jeunesse de héros polaires remontèrent à la surface, et il rit à gorge déployée de ses idioties. Un héros, c'était quoi au juste ? Et quelle absurdité de parler de héros polaires ! Parce que soit on aimait être ici et à ce moment-là on vivait dans les conditions qu'exigeait le pays, soit on n'aimait pas, et à ce moment-là on repartait avec Olsen. Les héros, ça n'existait pas, pas plus les héros polaires que les héros des tropiques, ou encore les héros des banlieues de Copenhague comme Rødovre. Anton marchait, tout ébloui de sa grandiose lucidité, tout content à l'idée d'être resté fidèle à sa décision.

Le brouillard s'épaissit. Mais cela ne dérangeait pas Anton, parce qu'il savait qu'un brouillard de glace comme ça pouvait durer des jours et des jours. Il marchait en avant comme son instinct le lui dictait, c'est-à-dire plein sud, alors qu'il aurait mieux valu aller vers l'ouest. Parce que le sens de l'orientation n'était pas le point fort d'Anton. Souvent quand il partait de Guess Grave pour relever les pièges à renards dans le district nord, il lui arrivait de revenir du sud avec des renards qui en fait appartenaient à Fjordur. Mais Herbert avait toujours mis ce défaut sur le compte de la poésie. Quand un bonhomme a la tête pleine de rimes et autres choses étranges, on ne peut pas exiger qu'il arrive en même temps à retenir les quatre points cardinaux.

Anton marchait donc vaillamment en direction du sud, persuadé que les montagnes impressionnantes de la côte est du Groenland, la Riviera arctique, allaient se révéler à ses yeux dès que le brouillard daignerait se lever. Mais le brouillard ne se levait pas. Il restait étendu sur les masses de glace, humide, gris, impénétrable.

Le capitaine Olsen jura par tous les diables dès qu'il se rendit compte de la désertion d'Anton. Le garçon était sous sa responsabilité à lui, et il entrevoyait tous les problèmes qui ne manqueraient pas de lui tomber dessus dès que le bateau aborderait les quais de Copenhague. Il donna de la corne de brume et hurla au fugitif, dans son porte-voix en laiton, de revenir sur-le-champ ; puis il envoya des matelots sur la glace avec l'ordre d'assommer le déserteur et de le lui ramener. Une journée entière le bateau resta immobile, puis Olsen décida, fulminant de rage, de retourner à Cap Thompson.

L'avocat Volmersen était assis sur le banc, en train de prendre du bon temps, un verre de vin dans une main et un cigare maison dans l'autre. Le brouillard stagnait à un mille de la côte, et Volmersen découvrit que la fumée de son cigare devenait invisible une fois qu'elle était au-dessus de la glace et qu'elle avait mélangé sa couleur bleu foncé avec celle du brouillard. Il découvrit en même temps une très vilaine décoloration dans toute cette grisaille, une suie noirâtre et graisseuse sur le compte de laquelle aucune erreur n'était possible. Museau, qui venait de finir de ranger dans la yole les provisions de ceux de Bjørkenborg, remonta de la plage et s'assit sur le banc. Il enleva ses lunettes et les mit dans sa poche.

— Tu prends vraiment plaisir à l'air du crépuscule, hein, Volle, dit-il gentiment.

Il leva son petit nez boursouflé et renifla.

— Ça sent la paix, l'arrière-saison et le cigare.

Il fronça le nez.

— Et quelque chose d'autre, je sais pas exactement quoi.

Volmersen hocha la tête. Il fixait la colonne de fumée noire qui s'était transformée en point d'exclamation devant le brouillard. Côté paix, c'est probablement un peu exagéré, pensa-t-il, parce que si ce n'était pas la *Vesle Mari*, c'était sans doute le Vaisseau Fantôme qui s'était transformé en vieux rafiot de chasse au phoque.

— Tu vois ce que je vois, Museau ?

— Je vois que dalle, répondit Museau qui, sans ses lunettes, était aussi bigleux qu'un orvet, mais je le sens.

— C'est la *Vesle Mari*, soupira Volmersen.

— Je m'en doutais, répondit Museau, cette puanteur détonne sur le reste.

Le capitaine Olsen était proche de la crise d'apoplexie quand il mit pied à terre. Les chasseurs, qui s'étaient précipités, reculèrent devant le Norvégien enragé.

— Où est-ce que vous cachez Anton, bordel de merde ? beugla-t-il. Sortez-le illico, espèces d'enfoirés !

Mads Madsen regarda Fjordur d'un air entendu.

— Ça y est, il est devenu complètement timbré, dit-il à voix basse. Ça faisait des années que je m'y attendais.

Il regarda autour de lui, l'air de chercher quelque chose.

— Anton, tu dis ? Quelqu'un a vu Anton ? Tu lui veux quelque chose de précis, Olsen ? Peut-être un exemplaire dédicacé de son roman ?

Lasselille faisait des gestes énergiques par la fenêtre.

— Moi, je sais où il est ! hurla-t-il, rayonnant de joie. Sur ton bateau, capitaine Olsen.

Bjørken se retourna et envoya un regard style lance-flammes vers son ancien apprenti. Voilà que cet imbécile avait une fois de plus, morbleu, gâché une affaire qui se présentait bien ; c'était vraiment déprimant.

Olsen hurla :

— Il a déserté, pauvre con ! Que le diable me grille, ce grand dépendeur d'andouilles est tout simplement descendu au beau milieu des glaces, comme s'il s'était trompé de tramway !

— C'est vrai, ça, Olsen ?

Mads Madsen fixa le gros marin d'un air surpris.

— Tu veux dire que ton passager, le chasseur et poète Anton Pedersen, comme ça, sans raison, est descendu de ton rafiot et qu'il est parti à pied sur la glace ? Ça, c'est pas bien, capitaine. Le directeur n'appréciera pas du tout la nouvelle, sans parler de la presse mondiale qui attend sûrement Anton à son arrivée à Trangraven. Qu'est-ce que tu lui as donc fait, Olsen, il doit bien y avoir une raison à ce départ précipité ?

— Ce que j'ai fait !

Olsen cracha de rage.

— Juste ciel, j'ai été aux petits soins avec lui, je l'ai même écouté pendant des heures parler de ses foutaises de poésies, des mon cœur, des tu meurs, des je pleure. Pouah, quelle horreur !

— Et puis Anton est descendu comme ça, sans crier gare ?

La voix de Mads Madsen roucoulait. Voilà qu'il avait enfin coincé Olsen. Olsen qui, quatre ans auparavant, avait exigé le plein tarif pour ramener Emma à Ålborg.

— Ça veut dire qu'il ne compte plus parmi les passagers de ton rafiot, ce qui veut dire qu'il faut évidemment que tu rembourses son billet. J'exige le remboursement immédiat sur le compte de la station de Guess Grave.

— Putain, Mads Madsen, le billet n'a aucune importance ! Anton est peut-être mort, siffla Olsen, indigné. Dans le meilleur des cas, il se débat là-bas dans les glaces avec son sac et son fusil et finira par se flinguer.

Herbert, qui était chef de station à Guess Grave, tendit la main.

— En attendant, file-moi déjà l'argent du billet sans importance, Olsen.

Olsen ignora la main tendue.

— Vous devez m'aider, gémit-il, aidez-moi à le retrouver.

— L'argent d'abord, dit Herbert, implacable.

Olsen paya, et tout le monde put constater la vive

douleur que cela lui causait. Quelques heures plus tard, la *Vesle Mari* et toutes les yoles des chasseurs participaient aux recherches.

Ils cherchèrent deux jours et deux nuits durant, dont seulement les dernières vingt-quatre heures sans brouillard. Puis un fort vent d'ouest se mit à souffler, ce qui obligea Olsen à quitter les glaces pour ne pas risquer son bateau. Les yoles revinrent les unes après les autres, et les chasseurs restèrent encore quelques jours à Cap Thompson pour honorer la mémoire du disparu que tous, à part Valfred, tenaient pour mort. Herbert écrasa une larme et murmura qu'il tenait terriblement à ce garçon, tout poète et voyou qu'il ait été.

Valfred, qui au retour s'était approprié la couchette de Mads Madsen, dit :

— Tu parles d'Anton comme s'il avait déjà clamsé. Mais je te fiche mon billet qu'un jour il va se pointer à Guess Grave pour reprendre du service.

Herbert le regarda avec tristesse.

— Si ce vent se maintient, la glace va en faire de la chair à pâté. C'est peut-être ce qu'il voulait, après tout. Peut-être qu'il avait quand même vraiment peur des honneurs et de la célébrité. Ça doit pas être si facile que ça d'être un génie.

— Moi, je suis de l'avis d'Herbert, dit Fjordur. Anton a déposé ses kamiks depuis belle lurette.

— Peut-être, dit Valfred. Mais jamais personne n'est assez mort pour pas pouvoir ressusciter. Ça peut arriver même aux meilleurs.

Il se tourna sur le côté pour avoir une meilleure vue d'ensemble des chasseurs.

— Moi, j'ai connu une fois un apprenti boucher de Ringsted qui a ressuscité comme ça. C'était un mec qu'avait vraiment pas de bol, un vrai bonhomme du jeudi. Même qu'il s'appelait Larsen.

— On dit un homme du vendredi, corrigea Bjørken.

Il se pencha en avant et regarda Valfred, le triomphe modeste :

— Oui, monsieur ! Et le pire, c'est le vendredi 13.

— C'est bien possible, admit Valfred, conciliant. Mais le Larsen dont je cause était un homme du jeudi. On pouvait pas imaginer de type plus malchanceux que lui. S'il aiguisait son couteau le jeudi matin, il se tailladait affreusement les doigts toute la journée. Et s'il ne l'aiguisait pas, c'était pire encore.

Là, Lasselille décrocha et s'esclaffa :

— Mais Valfred, on peut pas se couper affreusement avec un couteau émoussé !

— Idiot, siffla Bjørken, tu peux quand même comprendre que si un couteau ne coupe pas bien, on utilise beaucoup plus de force pour couper, et que si ça dérape, les dégâts sont évidemment plus importants.

— Ah, bon, vu comme ça, oui.

Lasselille hocha la tête d'un air absent. Il n'avait pas encore eu le temps d'assimiler l'explication, mais ne voulait pas avoir l'air stupide.

— Et arrête d'interrompre tout le temps, le tança son maître en envoyant un regard d'excuses à Valfred.

Celui-ci continua :

— Ouais, c'était vraiment triste avec ce Larsen. Il avait eu un départ malheureux dans la vie parce qu'il avait été accouché aux forceps et qu'il a gardé toute sa vie une tête franchement assez étroite. C'était d'ailleurs un jeudi. Encore nourrisson, il a réussi à refiler à son père la coqueluche, maladie dont le père mourut ; à l'âge de trois ans, il tomba par une fenêtre sur sa grande sœur dont la hanche a cassé. À partir de cette époque, elle ne fut connue à Ringsted que comme Mlle Trampoline.

Valfred poussa un profond soupir plein de compassion.

— À la fin, la vie de Larsen était tellement misérable qu'il n'avait plus que deux solutions, entrer dans les ordres ou s'adonner à la boisson. Il essaya d'abord avec le Seigneur. Mais ça n'allait pas du tout. Même s'il a fait tous les efforts qu'il pouvait, il s'est vite rendu compte qu'il n'était pas fait pour les affaires religieuses. C'était comme si Dieu n'était jamais là le jeudi, le jour où Larsen avait le plus besoin de lui.

« Alors il s'est rabattu sur l'alcool. Il a acheté un litre d'alcool pur auprès du vétérinaire de l'abattoir et s'y est colleté. Et ivre, ça, il a réussi. Tellement ivre qu'il a trébuché dans sa chambre, s'est enfoncé la tête dans le pot de chambre et qu'il a fallu le transporter à l'hôpital pour le recoudre de partout.

Valfred ménagea une petite pause pour que les verres soient à nouveau remplis sans faux col, et reprit :

— C'est là que Larsen décida qu'il en avait sa claque, qu'il voulait maintenant en finir. Il chargea une brouette d'une bêche et d'un pistolet d'abattage et se mit en route pour le cimetière où il creusa un trou profond et long. Il s'était choisi un bon emplacement avec banc, panorama, et tout et tout. La tombe fut vite assez spacieuse pour contenir Larsen dans toute sa longueur. Mais quand il a eu fini, il a donné sans faire gaffe un coup à la brouette qui a basculé, si bien que le pistolet est tombé dehors, a touché une pierre et que le coup est parti. La détonation a renversé Larsen qui est tombé dans le trou où sa tête a heurté la bêche qu'il avait oubliée en bas. Et c'est comme ça qu'il a été un des rares à essayer sa tombe à l'avance.

— Il est mort ?

Lasselille n'avait pas pu tenir sa langue.

Valfred le regarda, sérieux.

— Mort ? Oui, diable qu'il est mort, il était mort depuis longtemps, parce que c'était pas une vie d'être Larsen. Il est resté dans ses nouveaux appartements avec plein de terre sur lui.

Nouvelle pause, plus longue. Tout le monde réfléchit à l'histoire de Valfred qui avait créé la même atmosphère atone que quand il leur chantait *Dans un lit d'hôpital.* Valfred regarda doucement par-dessus le bord de la couchette. Puis il dit à voix basse :

— C'était un Larsen flambant neuf qui s'est relevé de sa tombe. Il en avait pris un sacré coup et il avait la tête plutôt lourde quand il s'est redressé et qu'il a secoué la terre. Il a regardé autour de lui avec étonnement, parce que, mort de son âme, il arrivait pas à piger pourquoi il était assis dans un trou dans la terre, une bêche et un pistolet d'abattage à ses côtés. Un peu effrayé, il s'est mis à genoux et a passé la tête par-dessus le bord de la tombe.

« "Enfer et damnation, murmura-t-il, j'suis mort." Il toucha son visage, ses bras et ses jambes et murmura : "Au moins on a l'air d'y aller complet. Peut-être que j'ai déjà ressuscité, va savoir." Il regarda le cimetière autour de lui, les pierres et les croix immobiles au clair de lune. Puis il poussa un soupir profond et satisfait, se leva et sortit de sa tombe. "Quelle veine de cocu, j'suis premier au portillon, rigola-t-il heureux, vaut mieux y aller vite avant que ça se bouscule." Et puis Larsen entra dans le jardin du paradis.

Valfred eut un sourire pour ses dents qui reposaient sur l'étagère de la couchette, et les dents le lui rendirent chaleureusement.

— Le Larsen ressuscité sortit dans le monde qui pour lui était Ringsted et la nationale pour Roskilde.

Jusqu'à la fin de ses jours, il considéra ce monde-là comme le paradis, et il était heureux et joyeux et plus chanceux que la plupart des gens. D'abord il hérita un jardin d'ouvrier à Ringsted et quelques années plus tard un terrain avec droit de pêche dans le fjord de Roskilde, et enfin il resta célibataire toute sa vie.

L'histoire avait du souffle, et même Lasselille se doutait de sa profondeur et d'un lien entre Larsen et Anton, lien qu'il n'hésiterait pas, à l'occasion, de demander à Bjørken de lui rendre plus explicite.

Bjørken dit :

— Et je suppose que tu vas prétendre que Larsen est tombé dans sa tombe un jeudi ?

Valfred secoua la tête.

— Un jeudi ? Non, Bjørk, c'était un vendredi. Un vendredi 13, d'ailleurs. Ça, je le sais, pour sûr, parce que c'est le jour où ma fiancée a rompu. C'est des vrais jours de chance, ces vendredis, à mon avis.

Anton ne sentit le vent qu'une fois le brouillard levé. Il regarda tout autour de lui, mais ne vit que de la glace, aussi loin que son œil portait. Cela ne lui fit cependant aucunement perdre sa bonne humeur. Il n'avait ni froid ni faim, et son sac à dos était rempli de poissons séchés. Et le plus important était qu'il n'avait plus d'embouteillages dans le ventre à l'idée de l'inconnu. La vie souriait à nouveau à Anton Pedersen, il marchait en se réjouissant à l'idée d'un long hiver littéraire à Guess Grave.

La glace commença à s'animer. Les plaques se mirent à ruer coléreusement les unes contre les autres, et l'eau salée à lécher les bottes de cuir graissé d'Anton. Le vent souffla de plus en plus fort, se transformant en vrai blizzard. Et la glace commença à s'entasser. Ça craquait, ça grondait, ça grinçait autour d'Anton. Les plaques glissaient les unes sous les autres, frappaient et cognaient et jouaient des coudes pour se faire de la place. Anton glissait et tombait et glissait encore. Mais pas un instant il ne regretta d'avoir remis son voyage au Danemark. Il exultait et se félicitait de cette expérience extraordinaire. Désormais, il pourrait décrire, en homme expérimenté, les glaces entassées, et les bruits de tonnerre sans rien modifier à la réalité, ni en plus ni en moins. Il tourna le dos au vent et sentit ses coups comme des tapotements amicaux dans le dos. Ainsi, pensa Anton, ainsi donc est la nature quand il y en a assez !

La première fois qu'il tomba dans l'eau d'une plaque qui, d'un coup, s'était mise à la verticale, c'est une autre plaque qui l'aida à se relever, une plaque qui justement était en train de se remettre à l'horizontale après un plongeon sous l'eau. Anton se mouilla et prit froid, mais il réussit à garder intacts son fusil, son sac à dos et sa bonne humeur. La deuxième fois, il perdit son sac, mais réussit à balancer son 89 sur deux morceaux de glace plus petits et à se hisser à nouveau au sec. Partout autour de lui, la glace se déchirait, se dressait et retombait, se fracassant en morceaux plus petits. Devant lui un petit iceberg voguait d'un air hésitant, et il réussit à se hisser sur sa cime instable. Quand il se mit debout et regarda vers le soleil qui était en train de disparaître comme dans un brasier, il découvrit les contours d'un paysage de hautes montagnes sauvages. Il était cependant trop brinquebalé et transi pour faire attention à ce qu'il voyait. Il y avait une terre et c'est là qu'il devait aller. Il resta accroupi sur l'iceberg toute la nuit, et une fois le vent calmé au petit matin, il quitta l'iceberg et se mit à sauter de plaque en plaque en direction des montagnes abruptes.

Dans l'après-midi le vent tomba complètement et la masse compacte de glace se mit à se dissocier. De l'eau libre passait entre les plaques et Anton avançait désormais lentement. Au bout d'un moment il se trouva isolé, dans une immense clairière, sur un vieil iceberg qui avait fait tout le voyage depuis le pays d'Anton avec le courant froid du Groenland oriental. Le morceau de glace était endommagé en dessous car il avait eu l'inconséquence de se laisser piéger par un maigre courant affluant du Gulf Stream au nord de l'Islande avant de se retrouver à nouveau dans une eau raisonnablement froide.

Anton était accroupi sur son petit monticule de glace, le fusil entre les jambes et la tête mollement affalée contre sa poitrine. Il était au-delà de la fatigue et du froid, et ce qu'il voyait ne pénétrait que lentement dans sa conscience. Par exemple, il ne voyait pas du tout les maisons au bout du Cap Tobin, alors qu'elles étaient si proches qu'il aurait pu en faire sortir les habitants rien qu'en criant. Pas plus qu'il ne vit Masanti au bord de la glace, à une cinquantaine de mètres de son iceberg.

Qu'Anton ait été retrouvé est tout à l'honneur de ce vieux chasseur de l'est du Groenland, Masanti, qui, tous les matins, avant tous les autres chasseurs, se rendait au bord de la glace dans l'espoir d'attraper enfin un phoque. Masanti était âgé et malvoyant, et même s'il se dirigeait soigneusement vers le bord de la glace et prétendait être capable de flairer où il en était par rapport à la mer libre, c'était uniquement grâce à ses cinq vieux chiens maigres et perclus d'arthrose qu'il s'arrêtait à temps tous les matins.

Masanti était donc accroupi au bord de la glace quand Anton passa à sa hauteur, à une vitesse confortable. Et c'est les chiens de Masanti qui les premiers flairèrent quelque chose d'inhabituel. Ils se mirent à couiner et à glapir tant et si bien que le vieillard finit par être tiré de ses doux rêves de chasse, frotta ses yeux chassieux et regarda au travers de ses lunettes cerclées de fer.

— *Puisi ?* murmura-t-il, plein d'espoir.

Et il s'imagina qu'il flairait l'animal. Il distinguait même, assez vaguement certes, une silhouette noire sur la glace qui ressemblait bigrement à un phoque à l'affût d'une proie.

Le premier coup de Masanti siffla tout près de sa tête sans cependant causer aucun dommage. Mais le suivant toucha la glace devant ses pieds et envoya tout plein d'étincelles de glace dans le visage pétrifié. Là, Anton sortit de sa torpeur. Il vit le vieux chasseur, fut debout d'un bond et hurla avec fureur :

— Hé, espèce de misérable manchot, tu tires sur des gens en train de se reposer ?

De terreur, Masanti sentit son cœur lui remonter dans la gorge. Incrédule, il fixa la bestiole qui hurlait avec une voix presque humaine. L'inquiétant monde des esprits de son enfance l'enveloppa tout à coup. Il n'avait pas affaire à un phoque qui s'était redressé sur ses nageoires arrière pour crier. Non, c'était bel et bien un esprit maléfique du fjord ou, pire encore, un qivitoq.

Avec un hurlement, Masanti lâcha son fusil et se mit à courir du mieux qu'il pouvait vers la terre. Ses chiens le regardèrent, étonnés, et se mirent ensuite à examiner avec intérêt cette créature sur la glace qui maintenant sautait de plaque en plaque pour atteindre la glace solide.

Anton ramassa le fusil de Masanti et alla jusqu'à son traîneau. Le chef des chiens grogna méchamment, comme c'est le devoir d'un chef, mais une fois qu'il eut goûté à la botte de cuir graissé d'Anton, il émit un hurlement pitoyable, persuadé désormais qu'il n'y avait pas de différence essentielle entre un véritable homme et ce marcheur des glaces puant. Les hurlements du chien réveillèrent ses quatre collègues aux pattes douloureuses, et, dans un effort commun, ils réussirent à mettre en branle le traîneau, bien qu'Anton se soit installé à l'horizontale sur la peau de voyage.

Sur le chemin de Scoresbysund, ils dépassèrent Masanti qui, d'un trot léger, avait déjà parcouru une distance considérable. Il était à ce point en proie à sa terreur des phénomènes surnaturels sur les glaces qu'il ne répondit même pas à la salutation polie d'Anton quand celui-ci le dépassa. Il était heureux d'avoir échappé au monstre et se réjouissait profondément à l'idée de raconter ses aventures aux autres vieillards du village. Il suivait de loin les chiens des yeux, sans même se rendre compte que c'étaient les siens.

L'arrivée d'Anton à Scoresbysund fit sensation. Il fut chaleureusement reçu par l'administrateur du comptoir, un Danois, et son épouse groenlandaise, par le curé, par l'instituteur et par toute la population groenlandaise. Il constituait un événement exceptionnel parce que jamais auparavant on n'avait reçu de visite en cette période de l'année. Et qui plus est, jamais d'un homme qui arrivait à pied tout droit des glaces. Il fallait bien sûr célébrer ça sérieusement, et quand Anton, au cours des festivités, fut installé dans le lit conjugal de l'administrateur pour raison de fatigue et suite à un léger étourdissement, il était si épuisé qu'il n'aurait pas pu épeler son propre nom.

La fête continua donc sans Anton. On avait d'amples provisions de tout dans la boutique et un entrain pour faire la fête qui ne connaissait aucune limite.

Une des participantes aux festivités était Suvfia. Au premier regard, elle avait décidé qu'Anton allait devenir son fiancé. Et pendant qu'Anton s'adonnait à un long sommeil réparateur, et que la population du hameau faisait la fête dans l'entrepôt, Suvfia alla à la rivière où elle se lava les cheveux soigneusement et se savonna tout le corps parce qu'elle avait entendu dire que ces curieux *kavdlunait* détestaient la saine odeur du corps. Pendant que ses longs cheveux noirs séchaient au soleil de la nuit, elle cueillit un sachet entier de myrtilles qui avaient juste subi le premier gel, leur assurant leur pleine saveur.

Les oreilles encore pleines du bruit de la fête, elle retourna, au petit matin, au logement du régisseur. Elle se regarda dans la vitre de la chambre où dormait Anton, et sourit, contente de ce qu'elle voyait. Puis elle ouvrit avec précaution la fenêtre et se glissa dans la chambre de l'homme endormi. Un moment, elle resta à contempler le long chasseur aux cheveux blonds. Son visage était imprégné d'une grande paix et, de plus, couvert de cheveux et de poils, ce qui suscita un frissonnement délicieux en Suvfia. La couette était trop courte, et elle regarda, ébahie, les énormes pieds qui dépassaient comme une paire de raquettes de neige canadiennes au bout du lit.

Jamais Suvfia n'avait vu de jeune homme aussi grand et beau. Sans un bruit elle se déshabilla, souleva la couette et se glissa dessous, toute nue. D'abord elle resta sans bouger, s'imprégnant de sa chaleur et de son odeur. Puis ses mains, poussées par la curiosité, partirent en balade. Elles glissèrent le long de la splendeur velue de son torse, s'attardèrent sur les épaules osseuses, descendirent le long des bras, touchèrent les hanches, le ventre plat et encore un peu plus bas. Là, les mains s'arrêtèrent. Suvfia ouvrit grand les yeux et toucha encore une fois. Était-ce vraiment possible ? Avec une précaution infinie, elle souleva la couette pour confirmer *de visu* la découverte de sa main.

Anton rêvait. Et son rêve était si vivant et si intense que, quand il se réveilla, le rêve était devenu réalité.

Suvfia avait pris possession de lui, mais il ne s'en rendit compte qu'après avoir glissé, avec un profond soupir, du monde des innocents dans celui des initiés. Il ouvrit les yeux et découvrit, étonné, un mignon petit minois avec deux yeux noirs et rieurs. Et il sentit combien ses petites mains caressaient son dos de façon apaisante. Et puis il sentit le bonheur qui ruisselait de ses reins à elle vers les siens.

Anton referma les yeux pour rester dans le rêve. Les lèvres de Suvfia glissèrent, chaudes et humides, sur les coins de sa bouche, mordillèrent un bout de barbe et continuèrent le long du nez jusqu'à ses yeux. C'est le paradis, pensa Anton.

Ils restèrent une éternité sans rien dire. Anton bouillonnait de pensées qui rapidement se transformaient en poèmes d'une qualité dont il ne se serait jamais cru capable. Parce que ce n'étaient pas des poèmes qui avaient pris leur source dans de la théorie, ce n'était pas ce produit synthétique dont il avait farci son premier roman et son premier recueil de poésie. C'était un pur délice de sensualité, un miracle de désir et d'intimité. C'était tout ce qu'il avait craint, cela même qui lui avait fait fuir la *Vesle Mari.* Il serra ses longs bras autour du dos de Suvfia et l'étreignit contre lui.

— *Asavakit*, chuchota Suvfia.

Et Anton hocha la tête et répéta le mot dans son oreille. Il ne savait pas ce que cela voulait dire, mais c'était un mot rond et mélodieux qui contenait tout le mystère du petit corps brun de Suvfia. Avant la fin de la matinée, Anton était fiancé.

À Guess Grave, Herbert tournait en rond, tout à l'absence de son compagnon disparu. Et pour lutter contre la solitude, il partit en voyage de visite jusqu'à Cap Rumpel. Le télégraphiste Mortensen et Doc l'accueillirent avec compassion, comme on reçoit quelqu'un en deuil, et ils l'écoutèrent avec patience quand, le soir, la voix tremblante, il se mit à lire à haute voix des œuvres posthumes d'Anton. Autant Mortensen que Doc admettaient volontiers le génie du disparu.

— J'aurais juré qu'il deviendrait le premier Prix Nobel du nord-est du Groenland, opina Mortensen. Dommage qu'il ait largué les amarres aussi tôt.

Herbert hocha la tête. Et il resta silencieux un moment en s'imaginant Anton, vêtu de l'anorak de fête blanc et d'un pantalon de marin flambant neuf, recevant l'insigne honneur de la main de Sa Majesté le roi de Suède. Et il continua en s'imaginant lui, Herbert, ainsi que tous les autres amis groenlandais d'Anton, assis dans la salle à regarder, fiers qu'il soit l'un des leurs.

Doc, cependant, avait une autre opinion. Il était plutôt de l'avis de Valfred comme quoi Anton serait de retour un beau jour, ressuscité des morts tout comme Larsen en son temps. Ce que les deux autres contestaient vivement. Parce qu'il était si doux et si triste de se remémorer le jeune poète, et de pouvoir sans retenue s'épancher sur ses nombreuses qualités sans risquer de le voir débouler un jour et se moquer d'eux.

Herbert repartit chez lui, mais avec toujours autant de mal à supporter la solitude. Anton lui manquait atrocement et c'est pourquoi il aménagea une petite salle du souvenir dans le bureau derrière la grand-voile. Le tonneau fut passé au vernis à bateau, le tabouret poncé et peint au minium rouge. Il habilla les murs de sacs de farine gris pour créer de l'ambiance et suspendit toutes les photos d'Anton qu'il avait prises au cours des années avec son petit appareil cubique. Enfin, il éparpilla des feuilles de papier froissées par terre comme si Anton venait tout simplement de sortir après une longue nuit de travail.

Cette salle du souvenir restaura la paix en Herbert. C'était doux et mélancolique de penser à Anton. Le soir, il mangeait son plat préféré, du salami danois sur des crêpes très cuites, tout en bavardant avec son compagnon défunt. Qu'Anton ne réponde pas n'était pas si grave, parce qu'on ne pouvait pas exiger d'un artiste en pleine création qu'il réponde à des questions terre à terre posées par un simple chasseur.

Herbert passa ainsi les mois d'octobre et de novembre. Il soignait ses pièges à lui et ceux d'Anton avec régularité et sans se plaindre, parce que son intuition lui disait avec certitude que ce qu'Anton était en train de créer derrière la grand-voile, quand lui-même tournait dans le district, deviendrait quelque chose d'unique dans la littérature danoise, quelque chose dont il aurait lui-même comme sa toute petite part, du fait de son zèle à lui rendre service.

Mais alors, juste au moment où novembre devenait décembre, Anton revint. Tout à coup il fut là, dans l'embrasure de la porte, un large rire au milieu de la barbe et ses yeux clignant à la forte lumière du Petromax.

— Salut, Herbert ! dit-il.

Herbert le regarda, incrédule. Il sentit les poils de sa nuque se hérisser et sa bouche se dessécher.

— Qu'est-ce que tu viens foutre ici, nom de Dieu ? demanda-t-il d'une voix rauque.

— Ici ?

Le sourire d'Anton fraîchit.

— Mais je suis revenu.

Herbert se leva. Il se mit à marcher autour de la table à petits pas mesurés.

— Alors là, non, ça, ça marche pas, mon cher.

Il secoua la tête.

— T'es mort et disparu et tout le bastringue. Et alors tu peux pas comme ça te pointer la gueule enfarinée en disant que tu veux rentrer.

— Mais je...

— Y a pas de mais ici, coupa Herbert. Quand on ressuscite des morts, on n'a plus de droits dans ce bas monde. On n'a qu'à rester au paradis ou à l'endroit où on a atterri.

Anton s'assit sur la chaise de la cuisine. Il comprit combien la solitude avait lourdement pesé sur Herbert.

— Je ne suis ressuscité de rien, dit-il. Je reviens de Scoresbysund où j'ai été retardé par des fiançailles et des intempéries.

Herbert s'arrêta devant lui.

— Des fiançailles, tu dis ?

Anton hocha la tête.

— Elle s'appelle Suvfia.

— Manquait plus qu'ça.

Herbert lui enfonça un doigt raide dans la poitrine.

— Alors t'es redevenu tout à fait normal ?

— Je crois qu'oui.

Anton sourit.

Herbert alla jusqu'à la cuisinière, ouvrit la porte du four et sortit une assiette de crêpes réchauffées. Il les posa sur la table et, pendant qu'il coupait des tranches de salami, il demanda :

— Mis à part cette histoire de fiançailles, t'as peut-être quand même fait un bon voyage ?

Anton le regarda longuement. Il saisit une crêpe, la tartina de margarine et posa trois tranches de salami dessus. Puis il s'y attaqua goulûment et murmura :

— À cause de ces fiançailles, Herbert, ce fut un délicieux détour.

Arthur

... ou l'alter ego de Valfred.

Aussi loin qu'on se souvienne, Valfred avait toujours eu du mal avec le moindre travail physique. Il se sentait mieux à l'horizontale, dans sa propre couchette ou dans celle de n'importe qui d'autre, ou sur un coin de bruyère ensoleillé, la veste du Lieutenant Hansen roulée sous la nuque. Et ce n'était dû ni à la torpeur ni à la paresse, car Valfred était au fond tout à fait alerte et travailleur quand ça le prenait. Doc penchait pour un manque de vitamines, alors que Bjørken considérait ça comme un phénomène psychique qu'il aurait pu mettre à plat en très peu de temps, si Valfred le lui avait permis. Seul Lasselille connaissait la véritable raison qui finit bien par filtrer, malgré un vœu de silence, et par devenir une histoire qui, à dater de ce jour-là, se raconta dans les cabanes sur toute la côte.

Les dispositions de Valfred pour la position allongée furent un sujet de conversation l'été où l'on campa au Rocher aux Oiseaux de Humboldt afin d'y ramasser des œufs de guillemots pour les grogs de l'hiver. Un soir que les hommes étaient allongés autour d'un feu de brindilles de bruyère, occupés à digérer après un dîner concocté par le Comte — bœuf stroganov à base de noix de bœuf musqué —, Valfred, couché sur le dos, les bras sous la tête, bâilla profondément et dit :

— Si personne n'a rien contre, je préfère prendre une petite journée de repos demain.

Personne ne le contredit, parce que tout le monde savait que Valfred ne supporterait pas une journée de plus en montagne.

— D'ailleurs, ajouta Valfred, ce serait tout à fait irresponsable de laisser tant d'œufs sans protection. Pourrait y avoir des renards, des corbeaux ou des ours qui viennent bouffer toute la récolte. Et puis, comme vous savez, j'ai besoin de plus de repos que vous autres.

— Pourquoi ça ? demanda Lasselille qui voulait toujours tout savoir.

Valfred leva la tête et le regarda.

— Ça vient d'un rêve, mon garçon. Et depuis ce rêve, je me sens toujours un peu mou et désarticulé.

— Comment ça ?

— Eh bien, c'est une longue histoire. J'te la raconterai une autre fois.

Valfred ferma les yeux en souriant, se lécha la bouche pour enlever un peu de sauce égarée dans sa barbe et s'endormit.

Quelques jours plus tard, Lasselille eut droit à l'histoire. Il avait glissé sur une savonnette dans la montagne, s'était cassé le bras et de ce fait était donc condamné à rester au campement avec Valfred. Et comme ce dernier était frais et dispos après deux jours de repos, il lui raconta son rêve qui, par la suite, devait faire toutes les cabanes de la côte, année après année.

Le Lieutenant Hansen et Valfred gisaient dans le lourd sommeil de fin de nuit, et leurs sifflements de bonshommes endormis se mêlaient harmonieusement au léger ronronnement de la cuisinière. L'obscurité régnait dans la petite pièce. Seul un mince rai de lumière filtrait d'une fente dans la porte de la cuisinière et allait mourir sur la plaque de tôle où était posé le seau à charbon.

Valfred faisait un cauchemar. Il rêvait qu'exceptionnellement il se réveillait avant le Lieutenant et que, pour cette raison, il était obligé de ranimer la cuisinière. Infiniment lentement et avec maints soupirs et moult gémissements, il fut tiré de son délicieux sommeil par quelque chose de dur et de pointu qui n'arrêtait pas de le gêner sur un côté de son corps. Irrité, il se gratta la hanche, mais la chose pointue se déplaça jusqu'à sa poitrine où elle s'enfonça juste sous un des mamelons roses. Alors, Valfred avança un bras, gratta une allumette et parvint à allumer la lampe. Il rejeta sa couverture de côté pour tirer l'affaire au clair, et vit à sa grande surprise qu'un squelette de taille adulte reposait à côté de lui. Il ramena instantanément la couverture sur lui, sentant son cœur battre à tout rompre dans sa poitrine. Il ferma les yeux et s'efforça de penser qu'il n'était absolument pas réveillé, et que la camarde qu'il venait de voir participait juste d'un rêve particulièrement réaliste.

Réconforté par cette idée, il allongea une main le long de son corps. Ses doigts tombèrent sur un col du fémur qui ne lui appartenait pas. Effrayé, Valfred retira sa main. Pendant un moment, il resta à respirer de façon saccadée et époumonée, comme s'il avait monté et redescendu la montagne de Fimbul au petit trot. Ensuite il réessaya, avança un doigt et fit glisser l'ongle sur tout un grillage de côtes. Même si la couverture assourdissait la gamme, il était évident que le squelette était réel. Il soupira, résigné, et enleva à nouveau la couverture.

— Tu commences à t'y faire ? demanda une voix caverneuse et inconnue.

Valfred hocha la tête. Dieu, quel cauchemar ! Il avait la bouche sèche et cette sécheresse descendait loin dans la gorge tant il était terrifié, et il sentait le cuir chevelu le picoter dans la nuque sous l'effet des poils hérissés.

— T'avoueras que c'est un peu inhabituel, murmura-t-il, la voix pâteuse. Qui es-tu, si je peux me permettre ?

Le squelette le fixait de ses profondes orbites creuses. Il claqua bruyamment des mâchoires plusieurs fois, pour bien montrer à Valfred qu'il lui manquait ses dents, et dit :

— Je suis Arthur. J'essayais de me ménager un peu de repos, mais tu gigotes beaucoup. C'est pour ça que je t'ai donné un coup de coude.

Valfred regarda au fond des yeux vides. Il se rallongea sur sa paillasse.

« Eh beh ! voilà que le vertigo a fini par te rattraper toi aussi, mon petit Valfred. Maintenant, s'agit de régler le problème calmement. Vaut sûrement mieux poser quelques questions terre à terre à ce monstre, pour s'y prendre avec le maximum de naturel. »

— Tu bois de l'eau-de-vie ? demanda-t-il.

— Volontiers, répondit Arthur en hochant la tête, si bien que quelques vertèbres cervicales craquèrent. Je bois tout ce que tu bois, toi, Valfred.

Cette réponse eut l'heur de plaire à Valfred qui se découvrit une sympathie naissante pour Arthur, une fois la première frayeur calmée. Il se souleva et regarda par-dessus le squelette.

— J'ai rien contre les squelettes, dit-il gentiment, mais comme tu l'as toi-même remarqué, y a pas vraiment la place pour deux dans cette couchette. Donc, si t'as l'intention de rester un certain temps, ce serait peut-être une idée de demander à Hansen de te bricoler une couchette, à moins que tu préfères une bonne bière matelassée ?

Arthur se redressa en grinçant et sortit de la couchette.

— On verra ça avec Hansen quand il se réveillera, dit-il. En attendant je vais me coucher sur la table de la cuisine. Comme ça, on aura au moins quelques heures de vrai sommeil d'ici le lever du jour.

Valfred hocha la tête. Il posa la joue sur le bord de la couchette et regarda Arthur d'un air contrit.

— Dis donc, puisque t'es debout, tu pourrais pas me passer une des boîtes de sardines là-bas dans le placard de la cuisine ? Ça fait tellement de bien par où ça passe !

Arthur servit les sardines qu'ils se partagèrent fraternellement. Valfred observait avec fascination les doigts maigres soulever les petits poissons de leur boîte pour les faire disparaître dans la gueule immense. Ébahi, il regardait les sardines qui descendaient, mais après la bouche, elles disparaissaient sans laisser de traces.

— Qu'est-ce que t'en fais ? demanda-t-il.

— Aucune idée.

Arthur renversa la nuque et se versa une rasade d'huile dans la gorge.

— Est-ce que tu vois, toi, ce que deviennent les tiennes, une fois que tu les as balancées derrière tes gencives ?

C'était là une réponse raisonnable et Valfred eut un sourire prévenant pour le tas d'os.

— Mais alors dis-moi, Arthur, comment tu fais pour mâcher de la bidoche par exemple, puisque t'as pas de dents ?

— D'habitude j'emprunte les tiennes, répondit Arthur.

Valfred se gratta le nez.

— Alors là, t'es un peu moins bon, mon petit Arthur, vu que c'est des dents du commerce presque neuves, et que j'suis pas trop enclin à les prêter à qui que ce soit.

— Dans ce cas, t'aurais dû me laisser les miennes, répondit Arthur, au moins quelques-unes. Une pour la viande, et une pour le poisson.

— Parce que c'est moi qui t'ai enlevé tes dents ?

Valfred, interloqué, regarda Arthur qui s'était finalement couché sur le banc de la cuisine.

— Naturlich.

Arthur tapota ses larges maxillaires.

— Elles étaient ici avant.

Là, Valfred se sentit obligé de se rasseoir complètement. Il se sentait le corps un peu lourd, et sa tête un peu molle penchait sur un côté.

— J'y comprends rien, à tes histoires, dit-il, sauf à croire que t'es mon propre squelette.

Arthur bâilla.

— Ben voilà ! Tu l'as dit, bouffi. Je me suis pris la liberté de quitter ton corps un moment. Rien de permanent, rassure-toi, mais je trouvais marrant de voir un peu le monde extérieur.

— Fichtre.

Valfred se mit à pouffer.

— Ça alors, hé, hé ! Pour moi, pas de problème,

petit Arthur, pose une perm, moi, je reste volontiers tranquillement ici, à me reposer.

— C'est exactement ce que je pensais, répondit Arthur. Vu que t'as jamais été du genre très énergique, tu sentiras à peine la différence. Et je suppose qu'il te reste quand même un peu de force pour t'allonger ?

— Assez, admit Valfred.

Il se mit à l'aise sur sa paillasse et ferma les yeux.

— T'es bien installé, toi ?

— Ça peut aller, répondit Arthur, mais je dois reconnaître que c'est quand même plus confortable à l'intérieur de toi.

Le Lieutenant Hansen se réveilla comme d'habitude à huit heures pile. Il s'éjecta hors de sa couchette et commença ses flexions des genoux. Arrivé à la dixième, il s'arrêta net et fixa, les yeux écarquillés, Arthur qui, allongé sur le banc, le regardait de ses orbites vides.

Le Lieutenant claqua ses talons nus et s'inclina avec raideur.

— Bonjour, dit-il d'un ton poli, Lieutenant Hansen.

Arthur sourit, et Hansen put contempler son sourire jusqu'à l'occiput.

— Je m'appelle Arthur, répondit-il. Ç'est pas difficile, ça ?

— Vous ne faites jamais de gymnastique le matin ?

Le Lieutenant regarda le squelette avec stupeur. Arthur secoua négativement la tête et envoya un regard réprobateur vers Valfred qui, la tête penchée par-dessus le bord de la couchette, était en train de rigoler doucement.

— Debout, commanda Hansen, et Arthur descendit bruyamment du banc. Faites comme moi. Pliez complètement les genoux, le derrière doit presque toucher le sol. Et puis, on remonte, le dos bien droit. Ensuite on se penche en avant, il faut que ça tire sur les jarrets, oh là là, qu'est-ce que ça grince ! Vous manquez vraiment de souplesse, jeune homme, vous avez honteusement négligé votre corps. Encore une fois, un, deux, trois, quatre...

Arthur trouva le rythme, et pendant dix minutes les deux compagnons de maison s'abrutirent avec leur gymnastique tandis que Valfred les regardait, admiratif.

— N'oublie quand même pas le café, Hansen, cria-t-il de la couchette. Je crois que l'eau est en train de bouillir.

Hansen interrompit ses exercices, déroula les bandages de ses moustaches et enfila son pantalon. Il regarda Arthur, l'air encourageant.

— Vous allez vite y arriver, Arthur. Après le café, je vous montrerai d'autres exercices.

Arthur et Hansen devinrent amis, et dans le rêve de Valfred, ils coexistaient comme la chose la plus naturelle au monde. Arthur était ignorant dans beaucoup de domaines, et le Lieutenant l'instruisait comme s'il avait été un jeune conscrit à l'école militaire de Fredericia. Comme Arthur n'avait ni peau ni chair, il avait tendance à avoir plus froid que le commun des mortels, et c'est pourquoi il emprunta à Valfred son pantalon en peau d'ours, son anorak en peau de renne et ses kamiks en feutre à doublure en peau de chien. Ainsi vêtu, ça faisait un homme de belle prestance, presque beau, avec une physionomie intéressante bien qu'un peu rentrée.

Arthur et Hansen allaient ensemble inspecter les

pièges à renards, et le Lieutenant apprenait le métier à son compagnon. Rapidement, ni les pièges à trappes ni les pièges à ciseaux n'eurent plus de secret pour Arthur. Il fut vite capable de déhousser des renards et d'en tanner les peaux, et il passa maître dans l'art de faire du pain aux raisins secs et des crêpes aux lardons.

Pour Valfred, cette période fut rien moins que paradisiaque. Rêve ou pas rêve, plus besoin maintenant de chercher des excuses à tout bout de champ, parce que comme Arthur avait eu besoin de prendre des vacances, lui, Valfred, avait toutes les raisons de se transformer en mollusque qui ne faisait que manger, boire et se vider de temps en temps.

Arriva le printemps. C'était un dimanche. Lentement, cela descendit la montagne de Fimbul, comme un fleuve d'argent fondu, glissa par la Rivière des Chiens, à travers la maison, et en quelques instants cela avait empli le monde entier de sa lumière flamboyante. C'est pour cela que Valfred se réveilla très tôt, se sentant frais et dispos après ces quelques mois d'alitement. Il regarda en bas sur le sol où la lumière s'introduisait dans les larges fentes du parquet en dévoilant toute la crasse de l'hiver, et il renifla avec son gros nez l'air de la pièce. Un sourire heureux éclata dans sa belle barbe.

— Regardez-moi ça, mes amis, si c'est pas le printemps qui est de retour avec ses gazouillements d'oiseaux et sa chaleur qui vous pénètre jusqu'au fond des os.

Hansen et Arthur se réveillèrent tous les deux aux mots de Valfred. Ils fixaient le rai de lumière du soleil qui se déplaçait rapidement sur le sol, et Arthur poussa un gémissement de surprise.

— T'as dit jusqu'au fond des os, Valfred ? Je me

suis toujours demandé ce qui pouvait bien chauffer si agréablement en cette période de l'année.

Il observa avec curiosité la lumière jaune et enfonça, pour voir, un doigt osseux dedans.

Le Lieutenant Hansen s'habilla en toute hâte et sortit de la maison. Il s'assit sur les vestiges de la cabane des munitions qui avait explosé, et contempla, émerveillé, la marée brillante du printemps, cet océan lumineux de chaleur qui donnait la vie et qui s'introduisait loin à l'intérieur de son pull islandais et le transportait dans un monde de doux souvenirs.

Le visage tourné vers le soleil et les narines dilatées, il sentait son cœur ruisseler de bonheur et de volupté. Un court instant, il se trouva séparé de sa vie arctique. Il ressentit le parfum des mûres et des prunelles, de l'herbe fraîche et de la terre mouillée. Il sentit cela couler au travers de son long corps maigre, et regarda, tout à coup effrayé, sous sa ceinture, pour découvrir que c'était une volupté bien bénigne qui l'avait surpris là.

Au café de onze heures, le Lieutenant Hansen dit à ses amis :

— Le printemps est arrivé, et il faut que quelque chose se passe. Valfred, je crois que nous allons partir en voyage.

Valfred regarda son compagnon avec inquiétude.

— Mon Dieu, petit Hansen, ne me dis pas que ça te reprend !

— Cette fois-ci, Dieu merci, c'est un autre genre de volupté qui bouillonne en moi, répondit Hansen. C'est le grand désir de voyage qui s'empare de l'homme quand le printemps prend ses quartiers.

Valfred poussa un soupir de soulagement.

— Ah, bon. On peut supposer que ce désir-là sera

moins pénible que quand t'en avais après les bonnes femmes. Où veux-tu aller, Hansen ?

— Je veux être l'ambassadeur du printemps, répondit Hansen, soudain lyrique. Nous allons partir rendre visite à nos nombreux amis sur la côte et leur proclamer le grand miracle.

— Ça sonne presque religieux, trouva Valfred, tu t'es pas converti, j'espère, Hansen ?

— D'une certaine façon, si, admit le Lieutenant, mais pas à la manière du curé d'enfer. Qu'en dites-vous, vous venez ?

Arthur hocha la tête avec empressement.

— J'aimerais voir le maximum de choses pendant ma permission, dit-il. Parce qu'à l'intérieur de Valfred mes expériences sont plutôt limitées.

Valfred sourit.

— Bien sûr, si vous autres, les deux gaillards, vous voulez bien d'une saucisse molle comme moi à la traîne, j'ai rien contre un petit voyage de visite. Mais peut-être que je vous serais une charge ?

Arthur et le Lieutenant lui assurèrent qu'il ne leur serait en aucun cas un poids, et il fut décidé qu'ils iraient faire le tour de tous les districts pour annoncer l'arrivée du printemps et par la même occasion présenter Arthur aux collègues. Et ils se mirent en route pour Bjørkenborg.

Valfred gisait sur le traîneau, bien emmitouflé dans un sac de couchage en peau de renne. Sur son crâne lisse, il avait coiffé un bonnet de laine rouge, il portait une écharpe tricotée par Fjordur et, derrière les dents du commerce, il avait placé une chique toute neuve. Il avait une lueur joyeuse dans ses petits yeux bleus quand il dit au Lieutenant :

— Hé, hé, Hansen, j'suis plutôt soulagé qu'on aille pas au Cap Sud se faire rabaisser la hampe.

Le Lieutenant hocha gravement la tête. Lui et Arthur couraient derrière le traîneau pour entretenir leur chaleur.

— C'est quoi, le Cap Sud ? demanda Arthur.

La position de Valfred entraînait des coulures de jus de chique à partir des coins de sa bouche.

— C'est une sorte de sanatorium pour chasseurs en chaleur. Un endroit où y a des dames, Arthur, gentilles et jolies, pour peu qu'on aime le genre tout-terrain.

— Comment ça, le genre tout-terrain ?

— Ouais, un peu basses dans la partie inférieure du corps, avec des jambes fortes et en pleine santé. Mais elles ont de beaux visages avec des cheveux noirs et des yeux marron, et de grands sourires chaleureux. Mon Dieu, qu'est-ce qu'elles peuvent sourire, ces petites, là-bas en bas, et de façon tellement hospitalière !

— Qu'est-ce que tu veux dire par hospitalière ?

— Ce sont des sourires qui invitent à pénétrer à l'intérieur. « Sois le bienvenu », disent les sourires, et ça, même si les hommes sont partis à la chasse. Et puis elles rigolent comme des gamines, et elles font bouillir le café qu'elles servent avec des gâteaux aux raisins secs à la levure chimique. Après, elles servent quelque chose de plus rafraîchissant qu'on appelle de l'imiaq, c'est ce que brasse Bjørken.

— Et après l'imiaq ?

Arthur se pencha par-dessus le traîneau pour ne pas en rater une miette.

— Après l'imiaq, tu demandes ?

Valfred regarda le crâne creux d'un air innocent.

— Oui, est-ce que c'en est fini avec l'hospitalité après l'imiaq ?

— Ah, non, pardi. On te donne tout ce que tu veux. Au Cap Sud, on fait pas dans le médiocre, Arthur.

Plein de questions brûlaient sous la large voûte crânienne d'Arthur. Mais pour le moment elles étaient si embrouillées qu'il n'arrivait pas à les formuler. Il déglutit énergiquement et hocha la tête, l'air de celui qui a tout compris.

La visite chez ceux de Bjørkenborg fut une véritable réussite. Naturellement, on fut au départ un peu réservé vis-à-vis d'Arthur, ce qui tenait sans doute davantage de la gêne que de la mauvaise volonté. Parce que ce n'était pas tous les jours qu'on avait la visite d'un squelette. Mais déjà au cours de la soirée, les trois chasseurs de Bjørkenborg capitulèrent devant la simplicité naturelle d'Arthur.

Pendant que la viande bouillait sur la cuisinière, tout le monde s'installa autour de la table pour savourer un petit apéritif qui provenait de chez le Comte. Lasselille, qui avait du mal à détourner ses yeux écarquillés d'Arthur, ne tenait pas en place sur sa chaise. Il frissonnait chaque fois que le squelette renversait la nuque avec un craquement pour verser le vin entre ses mâchoires vides.

Museau avait ôté ses lunettes, une manière comme une autre d'éviter la camarde. Il avait vu Arthur dehors, avait écouté les explications de Valfred et avait même été jusqu'à serrer la paluche à l'inconnu, non sans quelque réticence, d'ailleurs. Et c'était amplement suffisant. Rester à regarder une tête de mort les yeux dans les yeux à en voir des papillotes, c'était pas son style.

Bjørken, lui, réfléchit longuement et profondément à ce phénomène surprenant. Comment était-il possible pour un squelette de se glisser hors du corps ? Quel chemin prenait-il ? Sauf erreur, le corps humain n'avait que deux sorties. Et de toute façon, comment s'y prenait-il pour tenir ensemble sans cartilage ni tendons ? En ce qui concernait le corps vautré de Valfred, il n'y avait pas de mystère, parce que, aussi loin en arrière qu'il se souvienne, le corps de Valfred avait toujours été si flasque qu'on voyait à peine la différence entre avant Arthur et maintenant. Il se tourna vers Arthur et dit :

— En tant que chef de station, ça m'est un grand plaisir de te recevoir, Arthur. Tu ne dois pas nous en vouloir si nous avons eu l'air un peu déconcertés quand on t'a vu sans tes vêtements de voyage. Mais une fois la première surprise passée, tu nous sembles, peut-être pas tout à fait naturel, mais au moins acceptable. Nous avons entendu dire que tu t'étais faufilé hors du corps de Valfred, mais nous ne savons pas ce qui te lie, et comment tu vis. Et nous en savons aussi peu sur la manière dont Valfred tient, malgré tout, ensemble. J'ai naturellement pensé à des moyens aussi terre à terre que de la gélatine ou de la fécule de pomme de terre, mais je suis plutôt arrivé cette conclusion qu'ici, dans le nord-est du Groenland, y a bien plus de choses entre le ciel et la terre que de l'air. N'avons-nous pas tous connu « la vierge froide », Emma ? Et est-ce que notre ami ici présent, Lasselille, n'a pas vécu avec une jeune Eskimo du siècle passé ? Nous avons tous vécu des choses qui a priori ne sont pas de ce monde, des expériences qui se situent bien au-delà de vos capacités de compréhension. Rappelez-vous Halvor et Vieux-Niels, où Halvor fut touché par la grâce, et où Vieux-Niels le suivait comme son ombre alors qu'il était mort.

Il regarda gravement ses amis, fixa les visages l'un

après l'autre pour laisser à ses mots le temps de bien décanter. Puis il continua :

— Vous êtes limités, parce que tout savoir serait pour vous un poids insupportable. Rares parmi les hommes sommes-nous à pouvoir nous arracher aux marécages sans fond de l'ignorance, et dans cette assemblée il n'y en a qu'un qui, à juste titre, peut être considéré comme savant.

Avec un sourire flatteur, il avança la main.

— Bienvenue à Bjørkenborg, cher Arthur, dit-il. De tout cœur, bienvenue.

Arthur se leva. Il cliqueta agréablement quand il se pencha par-dessus la table. Il posa sa collection d'osselets froids dans la poigne de Bjørken. Profondément ému, il dit :

— J'avoue que je n'aurais jamais osé espérer un accueil aussi chaleureux, et c'est avec les plus grands scrupules que je me suis risqué hors des chairs rassurantes de Valfred. C'est là une expérience unique. Je ne crois pas qu'il existe un autre lieu au monde que le nord-est du Groenland où l'on admette un squelette vivant sans façon et sans réticence. Aucun d'entre vous ne m'a posé ces questions stupides auxquelles il est impossible de répondre. Je suis, à part les dents que Valfred s'est fait arracher il y a de ça bien longtemps, un élément d'un être humain à part entière. La seule différence entre moi et ce qui se trouve à l'intérieur de vous, c'est que moi je suis visible alors que vos ossements à vous restent cachés jusqu'au jour où vous déchaussez vos kamiks, qu'on vous enterre et que vous pourrissez. Je suis, comme vous le voyez, très ému, et si ça continue, je vais me mettre à chialer. Parce que des amis comme ça, ça ne se trouve qu'en Arctique, où l'amour et la tolérance sont des choses naturelles.

Et puis, Arthur s'assit et se mit à sangloter doucement, ce qui eut pour résultat que Museau, sans un bruit, remit ses lunettes sur son nez pour voir comment les larmes pouvaient perler des ossements blancs des orbites. Et Museau renonça à la petite réserve qui le rongeait. Il passa, embarrassé, une main à travers sa chevelure hirsute et dit :

— Tabac à priser ou chique, Arthur ?

Arthur regarda le petit homme à lunettes. Il trouva la proposition pleine de tendresse et d'égards envers autrui.

— Tabac à priser, s'il vous plaît, répondit-il, et il enfonça deux phalanges dans la boîte de Museau et attrapa une prise costaude.

Qui disparut derrière la mâchoire supérieure et qu'on ne revit plus jamais.

Partout sur la côte, Arthur fut très bien accueilli. Une fois passé la première surprise, personne ne trouvait bizarre que le squelette de Valfred ait eu envie de prendre des vacances au grand air, parce que comme tout le monde savait que Valfred préférait être allongé et se reposer, il devait offrir une vie bien tristounette et casanière pour un squelette heureux de vivre.

Si un squelette souhaitait quitter le corps qu'il soutenait, et s'il trouvait un arrangement avec le corps en question pour une telle excursion, il n'y avait rien à ajouter. C'était une affaire entre eux qui ne regardait personne d'autre.

Anton surtout s'attacha vraiment à Arthur, parce que les ossements blancs et cliquetants parlaient à son imaginaire. Il écrivit plusieurs beaux poèmes qu'il lut à haute voix à ses copains, des poèmes qui n'étaient pas très faciles d'accès car Anton traversait une période difficile. Mais c'étaient des poèmes écrits par un homme dont on avait publié un livre, et tout le monde écoutait donc avec recueillement et applaudissait consciencieusement une fois le pensum terminé.

Le printemps devint été et c'est là qu'Arthur eut l'idée lumineuse de vouloir essayer, pour une fois, d'être tout seul. Il était un peu effrayé à l'idée de la foule qui allait se rassembler à l'arrivée de la *Vesle Mari* et il prétendit que sa simple apparence allait faire pisser dans leur froc le capitaine Olsen et tout son équipage. C'est pourquoi le Lieutenant Hansen l'emmena par la mer à la Forteresse du Roi, une petite cabane avec couchette, cuisinière et table, et Hansen promit de revenir le chercher au cours de l'automne au moment où on emporterait les provisions de Cap Thompson jusqu'à Fimbul.

Comme toujours quand l'histoire d'Arthur se racontait, les opinions sur la fin étaient partagées. En quelques années, l'histoire s'était développée, avait pris de la consistance et de la profondeur, ceux qui la racontaient l'avaient imprégnée de leur propre personnalité, et Bjørken l'avait même analysée, prétendant que le rêve d'Arthur n'était rien d'autre qu'un système de défense inconscient de Valfred contre la tentation de quitter un jour l'Arctique. La véritable histoire, celle qui venait de la bouche même de Valfred, seul Lasselille pouvait la raconter. Et la voici :

L'année où Arthur prit des vacances, un petit vapeur français arriva sous le soixante-treizième degré de latitude nord. Il passa par le Détroit de Vega où il y avait moins de glace, contourna l'île d'Ymer et mit cap vers le Fjord du Roi Oscar. Là, il jeta l'ancre au petit matin, à la hauteur d'une petite cabane couverte de carton bitumé, et quatre scientifiques se rendirent à terre.

Ils examinèrent la maison, virent qu'elle était habitée parce qu'il y avait encore des braises dans la cuisinière. Ils s'installèrent donc dans la bruyère pour attendre le retour de l'occupant. Après avoir attendu plusieurs heures, ils partirent à sa recherche dans la montagne derrière la cabane. Brusquement ils s'arrêtèrent, pétrifiés.

Pour Arthur, la vie à la Forteresse du Roi était comme un miracle. Des heures durant il restait couché sur le ventre, le crâne confortablement enfoncé dans les phalanges, à regarder les petites campanules se balancer et lui sourire si gentiment dans la brise venue du fjord. Ou il se couchait dans la bruyère, à poil, et prenait des bains de soleil qui lui faisaient presque bouillir la moelle. Une fois, il se réveilla de sa sieste à cause de deux rouges-gorges qui avaient commencé à faire leur nid dans sa cage thoracique. À dater de ce jour, il dormit toujours avec un tricot de corps.

Il dormait encore quand les quatre scientifiques le soulevèrent. Et c'est seulement quand ils le rangèrent délicatement au fond de la yole qu'il sortit de sa sieste. Il regarda, terrifié, les visages inconnus et pensa que maintenant il s'agissait de la boucler sauf à vouloir faire sensation et devenir une célébrité. Et cela, Arthur ne le voulait pas. Il voulait simplement rester avec ses amis, regarder les petites fleurs et se laisser griller par le soleil.

Les scientifiques français le hissèrent à bord de leur bateau où ils le rangèrent soigneusement dans une caisse garnie de copeaux de bois. Même quand on cloua le couvercle, Arthur resta muet.

— Et, conclut Lasselille à l'époque où il transmit l'histoire à Bjørken, on le transporta jusqu'à Paris où on l'exposa sous une longue cloche à fromage d'où il ne pouvait pas sortir par ses propres moyens. Le pire, c'est que Valfred ne sait pas exactement où est passé Arthur, et c'est pour ça que Valfred reste aussi mou et flasque.

— Peut-être que la cachette lui sera révélée dans un prochain rêve, suggéra Bjørken.

— Tu crois vraiment ?

Lasselille regardait son maître avec une admiration sans borne.

— Rien n'est impossible, répondit Bjørken, souviens-toi de ça, mon garçon, rien n'est impossible dans ce monde fabuleux.

Le ver

... ou les effets secondaires d'une thérapie.

Doc était sans aucun doute l'homme le plus occupé de la côte. En plus de la production de courant pour la radio du télégraphiste Mortensen, il devait assurer la distribution des télégrammes et exerçait également les fonctions d'unique médecin du nord-est du Groenland. Ce métier-là lui procurait une grande satisfaction. Doc posait des diagnostics infaillibles, il avait la main sûre en chirurgie, et ses connaissances médicales étaient vastes et diversifiées puisqu'il utilisait aussi bien les remèdes de la nature que ceux de l'industrie pharmaceutique.

Au-dessus de sa couchette, sur une petite étagère d'angle, Doc conservait un grand pot à confiture qui portait l'étiquette « divers » et qui contenait beaucoup de choses pour le moins curieuses. Ici on trouvait une molaire d'Herbert, une bonne grosse mère noueuse, légèrement jaunie et ornée d'un grand cratère noir en plein milieu. Il y avait aussi les doigts de pied noirs et gelés d'Halvor, coupés avec une paire de tenailles, un clou de deux pouces extrait du *cloteus maximus* de Fjordur, ainsi que douze grosses dragées méticuleusement retirées des fesses de Mads Madsen après une querelle avec Fjordur. En outre s'y trouvait l'appendice de Lasselille, retiré à la lumière du Petromax, Mortensen faisant office d'anesthésiste, armé de Mort Noire et d'un torchon imbibé d'éther. Parmi les curiosités, il y avait une spirale d'environ quarante centimètres, d'un gris fané, ayant appartenu au Comte. Cette spirale avait causé pas mal de soucis à Doc parce qu'elle avait occasionné beaucoup d'effets secondaires qu'il parvint cependant à juguler tous. De temps en temps, il sortait la spirale et la tournait entre ses doigts. La tripotait en se remémorant ces jours émouvants à Grover Bay.

Siverts et Petit Pedersen étaient partis à la chasse à l'ours et, au cours de leur traque, ils étaient arrivés tellement loin vers le nord-est qu'ils se mirent d'accord sur le fait de passer rendre une petite visite au Comte et à Volmersen. C'était l'époque de l'année où les gens se languissent le plus après la compagnie des autres et les papotages, parce qu'ils se sentent cernés par la neige et que leur horizon est pour le moins borné en raison de la nuit polaire.

Ils trouvèrent le Comte alité. Un peu de fatigue, des nausées, quelques vomissements et aucune envie de vin. Volle était inquiet.

— Il se traîne, c'est tout c'qu'il fait. Et s'il ne récupère pas vite, je vois d'ici que je vais à tous les coups me retrouver seul à l'exploitation. C'est comme si y avait plus d'appétit de vie en lui.

Siverts et Petit Pedersen décidèrent d'aller demander de l'aide. Siverts partit à Cap Rumpel pour chercher Doc, et Petit Pedersen chaussa ses skis et remonta la côte jusqu'à Cap Thompson où il avertit

Mads Madsen et William-le-Noir des misères de Grover Bay.

Les rumeurs courent vite dans l'est du Groenland. Avant même que Doc soit arrivé, ceux de Guess Grave, Lodvig de Ross Bay et ceux de Bjørkenborg étaient attablés dans la petite salle de séjour du Comte.

Un certain cérémonial tomba sur l'assemblée au moment où Doc entra. Même Bjørken qui avait déjà entamé un psychotest se tut. Le Comte fut tiré hors de sa couchette et installé pour être ausculté sur la table à manger, où Doc lui enleva non seulement sa chemise de nuit mais aussi ses longs caleçons de laine. Le voilà dans le plus simple appareil, offrant une apparence effroyablement fanée. Il était devenu horriblement maigre, et le blason qui lui avait été tatoué sur la poitrine à une certaine époque s'était complètement affaissé si bien que les deux épis de seigle croisés avaient la tête affalée sur le nombril.

— Fichtre, il a l'air en mauvais état, le Comte, chuchota Mads Madsen avec tristesse, on dirait qu'il est prêt à se laisser achever.

— Pas à ce point-là, quand même, répliqua Fjordur, il répond encore quand on lui cause.

Doc réclama le silence, parce qu'il souhaitait écouter les poumons du Comte. Tout le monde retint son souffle, y compris le Comte qui au contraire aurait dû inspirer profondément.

Il y eut des tapotements dans le dos, des inspections au fond des yeux, du nez, des oreilles et de la gorge. Le cœur fut écouté, le pouls pris et plein d'autres choses encore, sans que Doc se laisse aller au moindre commentaire. Quand il eut fini, il ordonna au Comte de retourner dans sa couchette et s'assit à table. Là, il tambourina sur le bois avec ses doigts, l'air pensif.

— C'est évident que c'est psychologique, affirma Bjørken.

Doc ne répondit pas. Il tambourinait toujours sur la table, tout à ses réflexions. Dans sa tête, il était en train de tourner une à une les pages du manuel des médecins, mais ne trouvait pas de cause à la maladie du Comte.

— C'est peut-être une syphilis héréditaire, suggéra Lasselille. Ça arrive toujours aux nobles. Peut-être qu'on devrait lui faire passer l'épreuve de la petite cuillère ?

Doc évita de répondre. C'est là que Lodvig donna son point de vue.

— Moi, j'crois que ça doit être une sorte de diablerie dans la carcasse, quelque chose qu'on doit essayer de faire sortir par la force.

Là seulement, Doc réagit en hochant la tête.

— Pas du tout impossible, ça, répondit-il, les symptômes indiquent quelque chose de ce genre. Il faut lui administrer de l'huile de ricin.

— Je crois qu'on n'en a pas, dit Volmersen, on n'a même plus d'huile de cuisine.

Museau, qui pourtant ne disait jamais rien dans ce genre de situation, murmura :

— Pourquoi de l'huile ? On n'a qu'à extraire un peu de graisse de phoque et lui faire ingurgiter. On a un phoque barbu sur le traîneau pour la bouffe des chiens, suffit de le faire bouillir.

Doc ne rejeta pas l'idée, et Siverts et Fjordur commencèrent à faire fondre la couche de graisse du phoque dans une casserole. Une fois la graisse assez liquide, ils en portèrent une demi-cruche jusqu'à la salle de séjour. Le Comte protesta vivement, mais

William lui pinça le nez de sorte qu'il manque d'air et Doc profita d'une aspiration désespérée pour verser en vitesse le médicament dans le gosier.

Puis on ficha la paix au Comte. Il remercia ses amis d'une voix faible et leur proposa quelques bouteilles de grover bay 34, une mauvaise année dont il se débarrassait sans regret.

Le lendemain matin, Lasselille fut le premier levé. Par acquit de conscience, il jeta d'abord un coup d'œil sur le malade, tint la lampe au-dessus du visage maigre et pâle, et poussa un hurlement de terreur.

— Il est mort, cria Lasselille, y a déjà un ver qui lui sort du nez !

Doc sursauta. Il arracha la lampe au garçon paralysé par la trouille, et éclaira le Comte. Et poussa une exclamation de surprise.

— Incroyable, murmura-t-il, le manuel ne dit absolument rien là-dessus.

Les chasseurs se mirent en demi-cercle autour de la couchette du Comte. Et ils virent tous ce que Lasselille avait vu. De l'œil gauche poussait une créature longue et fine, genre ver de terre. Son bout pointu oscillait et se balançait vers la racine du nez du Comte, et quand celui-ci ouvrit les yeux, la chose se mélangea avec les longs cils du Comte.

Lasselille pleurnichait.

— Il va être bouffé de l'intérieur alors qu'il est encore vivant, ce pauvre Comte.

— De l'hystérie, tout ça, déclara Bjørken sans l'ombre d'un sentiment. Vous voyez bien qu'il s'agit de pure suggestion. Ce que vous croyez être un ver est en réalité suscité par l'hystérie infantile de Lasselille. Vous voyez ce que vous voulez croire.

— Parce que toi tu vois pas d'ver ? demanda Museau.

Il avait mis ses lunettes pour bien voir l'horrible excroissance qui sortait du noble œil.

— Bien sûr que non, je ne vois pas de ver, répondit Bjørken, légèrement offensé, puisque je ne crois pas à ce genre de choses.

— Alors, putain de bordel, t'es aussi myope qu'une taupe. N'importe qui peut voir qu'un ver sort de l'œil du Comte. Soit tu vois le ver, soit t'es complètement à côté de la plaque ! hurla Mads Madsen.

Bjørken regarda le chef de la station de Cap Thompson d'un air supérieur.

— Tu prétends que je mens ?

— Si tu dis que tu ne vois pas le ver, oui, c'est que tu mens.

Mads Madsen fit un ample geste du bras. Par ce geste, il avait simplement l'intention d'en appeler au bon sens de ses camarades, mais la malchance voulut que sa main aille finir sa course dans la poitrine de Bjørken. Qui se défendit immédiatement. De son haut front de penseur, il expédia un coup de boule à Mads Madsen dont une des incisives cassa à la racine et tomba à terre dans un cliquetis.

— Alors là, tu te fais pas chier ! beugla Mads Madsen. T'as vu ça, William ?

William-le-Noir hocha la tête. Il agrippa Museau, qui était le compagnon de station de Bjørken et qui tentait justement de fuir la bagarre naissante, et il enfonça son gros poing dans le petit visage noueux, faisant reculer les lunettes jusque sur la nuque, laissant par là Museau assez démuni côté vision.

Fjordur, qui avait toujours eu une dent contre Mads Madsen, se rangea du côté de Bjørken. Avec beaucoup de ferveur, il attaqua William-le-Noir au moment où celui-ci se penchait en avant pour ramasser la dent de Mads Madsen. Mads Madsen lui frappa le dos avec le tire-braise, mais le coup était tellement violent qu'il glissa sur le dos de Fjordur et termina sur le tibia d'Anton, ce qui fit entrer instantanément Herbert dans la bagarre. Herbert balança une marmite en fonte sur la tête de Lodvig qui s'écroula sous la table dans un profond sommeil, et pendant qu'il y était, il saisit, au nom d'Anton, la planche sur laquelle Volle séchait ses feuilles de tabac et frappa de toutes ses forces le derrière de Fjordur. Le hurlement de Fjordur rappela à tous qu'un clou de deux pouces sortait à l'extrémité de la planche.

Ce matin-là, moult cris et hurlements retentirent dans Grover Bay. Et le Comte gisait dans sa couchette, assistant au spectacle, le ver sortant d'un œil. Il avait vécu nombre de bagarres en Arctique, mais celle-ci était une des plus enrichissantes qu'il lui ait été donné de voir. De temps en temps, il louchait pour voir si le ver continuait à grossir, et il sentait ses ondulations comme un léger chatouillis sous la joue.

C'est seulement quand Fjordur tira par accident avec le fusil de chasse du Comte et cribla les fesses de Mads Madsen d'une grêle de plombs que le silence se fit. Tout le monde regarda Fjordur, qui, incrédule, fixait à son tour le fusil d'un air extrêmement contrarié.

— J... je voulais juste te filer un petit coup avec, dit-il pour sa défense, j'voulais pas du tout tirer.

Mads Madsen se tortillait par terre.

— Mon cul, gémissait-il. Ah ! Je suis en train de crever !

— Je t'assure, pardon, vraiment, bégayait Fjordur.

Il tortillait ses grosses paluches de désespoir.

— C'était juste pour rigoler.

— Pour rigoler ! grogna Mads Madsen. Je vais t'apprendre à rigoler, grand couillon, va ! Espèce d'Islandais de mes deux !

Doc fut très occupé toute cette journée-là. D'abord, il commença bien sûr par s'occuper de l'arrière-train de Mads Madsen qui ressemblait à un steak tartare. Un à un, il sortit les plombs de la chair, puis y versa une bonne rasade de rhum. Ensuite, il arracha les restes de la dent de Mads Madsen, pendant que quatre hommes neutralisaient le patient. Il remit en place le bras qu'Herbert s'était luxé pendant son corps à corps avec William-le-Noir, et il recousit Volle au niveau du crâne, où il avait une légère entaille. Enfin, il raccrocha l'oreille de Siverts qui avait été à moitié arrachée au cours d'une lutte avec Herbert, parce qu'il avait glissé, sur cette oreille justement, le long des planches brutes du parquet. Petit Pedersen, qui était sorti du combat indemne, l'assista.

Après tout ça et une fois réunis autour de quelques bouteilles du Comte, alors qu'ils résumaient la bagarre point par point, ils entendirent tout d'un coup Lasselille s'exclamer de la couchette du Comte :

— Maintenant il est presque aussi long que mon bras. Il se tortille dans tous les sens entre les épis de seigle sur la poitrine.

Tous se précipitèrent pour voir. Et pendant qu'ils regardaient avec un étonnement muet, le ver se glissa majestueusement hors du Comte, aussi pointu à la queue qu'il l'était à la tête. Doc le souleva et le porta jusqu'à la table.

Il jeta un coup d'œil vers Volmersen.

— Dis donc, Volle, vous avez des harengs salés ici ?

Volle hocha affirmativement la tête.

— Nous en avons reçu un tonneau de l'étranger avec le bateau cet été.

— Et vous en avez mangé ?

— Le Comte oui, mais moi j'aime pas. Pourquoi ça, Doc ?

— Parce que cette charmante bestiole est un ascaride, répondit Doc, plus exactement un ascaride lombricoïde.

Il le leva pour que tout le monde le voie.

— Ça alors, Doc, dit Lasselille, plein d'admiration.

— D'ailleurs, celui-ci doit être un spécimen particulièrement stupide. Un pauvre type qui a complètement perdu le sens de l'orientation.

Le ver se tortillait en spirale autour de son doigt.

— Ce pauvre imbécile, qui d'ailleurs est une femelle, vu sa taille, aurait dû, comme ses frères et sœurs, choisir l'issue de secours normale pour un ver pour évacuer le corps du Comte. Mais au lieu de suivre le chemin de ses selles pour atteindre la liberté, il est monté, probablement à l'aide d'une quinte de toux, dans le pharynx et a eu l'idée saugrenue de sortir par un canal lacrymal, au lieu de se laisser entraîner dans l'estomac et les intestins.

Doc se leva et alla prendre son bocal sur le tan-sad de son vélo. Il laissa tomber le ver parmi les autres curiosités, regarda autour de lui et dit avec un sourire :

— Je ne sais pas énormément de choses sur les parasites intestinaux. Mais cet exemplaire a considérablement élargi mes connaissances.

Il regarda Mads Madsen qui était assis sur un coussin, Fjordur qui restait debout à cause de son clou, le crâne de Volle, le bras d'Herbert et l'oreille de Siverts.

— Ce n'est pas mentionné dans le manuel médical, dit-il, mais maintenant je sais par expérience que l'ascaride lombricoïde peut entraîner quantité d'effets secondaires.

Un gros bobard

... où Lasselille constate que la Mort Noire ne manque pas de souffle.

Certains lecteurs se souviennent peut-être d'un récit précédent où il était question du renvoi de Lasselille au Danemark par Bjørken parce qu'il était tombé férocement amoureux d'une jeune Eskimo d'environ deux cent cinquante ans. À l'Hôpital National, le jeune homme avait subi une thérapie singulière, menée par un psychiatre, le docteur Phinkelphog, et l'été suivant, il était revenu sur la côte, flambant neuf. Il avait cependant contracté quelques habitudes préventives auxquelles il obéissait comme le chien de Pavlov.

Ainsi le jeune chasseur rapporta-t-il avec lui, par exemple, des bougies rouges qui, au dire du docteur Phinkelphog, devaient être en mesure de lui faire surmonter tous ses soucis, tous ses malheurs et même les dépressions malignes qui pourraient s'attaquer à lui.

Bjørken, qui, comme tout le monde le sait, possédait un savoir supérieur, et qui, entre autres, en connaissait un rayon en psychiatrie, renifla dédaigneusement et traita le médecin-chef de fumiste, de cas pathologique, de pervers et de pédophile grotesque.

N'importe quel idiot savait, rageait Bjørken, que des bougies rouges ne pouvaient en aucun cas agir sur le psychisme, ni de l'intérieur, ni de l'extérieur. Mais Lasselille vouait une confiance aveugle au docteur Phinkelphog, et il avait donc emporté assez de bougies pour illuminer tout le trajet entre Bjørkenborg et Cap Rumpel.

L'été passa sans événement particulier. L'automne se déroula avec la chasse au morse et l'entretien des pièges à renards, et presque au moment où les premières tempêtes de neige s'atténuaient, la nuit polaire tomba sur le pays ; c'était novembre.

Et c'est en cette période que Doc, sur la nouvelle glace bien solide, fit à vélo le tour de toutes les stations de chasse pour distribuer des invitations aux festivités de Noël à Cap Rumpel. Ceci était assez exceptionnel, parce que habituellement on passait Noël seul ou avec son compagnon. Se réunir dans un même lieu pour célébrer cette grande fête ne s'était jamais fait. Une note en bas de page sur les invitations manuscrites encourageait les membres de l'orchestre symphonique du nord-est du Groenland à apporter leurs instruments, car un concert de Noël était programmé. Par ailleurs, une tenue de fête était recommandée, au moins des pantalons de marin propres, des anoraks de fête blancs ainsi que des chaussettes non trouées. Ce que l'on souhaitait apporter par ailleurs relevait du libre arbitre. Tous les liquides, ainsi que d'éventuels cadeaux de Noël, étaient bienvenus.

Doc était à peine reparti sur son vélo que Bjørken mettait Lasselille et Museau au travail en qualité de pâtissiers de Noël. Pour sa part, il entama la fabrication d'un arbre de Noël à partir d'un morceau de bois flotté, épais comme une cuisse, de bruyère, de toile de jute peinte en vert et de touffes de coton. Il travailla assidûment à son arbre tout le restant de ce mois de novembre et une grande partie de décembre. C'est seulement deux jours avant le départ qu'il mit la dernière main à l'étoile de Noël. Elle faisait un pied et demi de diamètre et était confectionnée en tôle découpée. À l'intérieur de l'étoile on pouvait mettre une bougie qui brillait de façon féerique par les vingt-quatre trous qu'il avait forés. Même Museau dut admettre que jamais plus superbe étoile de Noël n'avait brillé sur le nord-est du Groenland, ni même à la réflexion en aucun autre endroit au monde.

Bjørken réussit à extorquer deux paquets de bougies des réserves prophylactiques de Lasselille, et c'est chargés de pâtisseries de Noël, d'eau-de-vie et de l'arbre de Noël que ceux de Bjørkenborg se mirent en route pour Cap Rumpel.

Tout le monde sur la côte avait été très occupé par les préparatifs. Valfred et le Lieutenant avaient distillé tout le mois de décembre et avaient réussi à obtenir douze bouteilles d'eau-de-vie de myrtille de qualité supérieure. Le Comte et l'avocat Volmersen avaient fabriqué une boîte isotherme, doublée de peau de bœuf musqué, pour le transport des vins millésimés. La boîte avait la forme d'un cercueil, et Volmersen, qui avait le sang plus chaud que le Comte, fut installé dans la boîte, couché entre les rangées de bouteilles. De cette façon, la marchandise fut protégée contre le gel et était à peu près chambrée quand, sur le traîneau de Museau, ils arrivèrent à destination après trois jours de trajet.

Tout le monde arriva à bon port. Tout le monde, c'était seize hommes et quatre-vingt-douze chiens. Des caisses avec de l'eau-de-vie, des gâteaux, de la viande, du vin et des cadeaux furent rentrées par la porte basse, et Mortensen et Doc reçurent le tout avec émerveillement. Ils offrirent tout de suite un breuvage de bienvenue qui attendait depuis si longtemps qu'il avait pratiquement perforé le fond des verres. Cet apéritif chauffa l'ambiance, et les hommes, qui avaient au début circulé doucement dans leurs grosses chaussettes en se saluant un rien cérémonieusement et en échangeant des propos à voix basse sur le temps, se mirent à se donner de grandes claques dans le dos et à faire des éloges sur le poison à renard servi par le télégraphiste Mortensen.

Puis se déroula le concert de Noël, bien que Bjørken, ergoteur comme toujours, ait murmuré qu'il eût mieux valu attendre le jour de Noël. Mais le télégraphiste Mortensen attira avec bon sens l'attention sur le fait qu'aucun des musiciens ne serait plus capable de tenir son instrument entre les mains le jour de Noël, et que le concert devait donc par la force des choses se dérouler de suite. Il eut un regard sans aménité pour Bjørken en disant cela, et Bjørken courba respectueusement l'échine devant le maître de maison et sourit d'un air affable de ses longues dents jaunes.

Ce fut un long concert sortant des sentiers battus. Les sons larmoyants de la scie de Doc firent sortir le meilleur de ces hommes, et au cours du *Minuit chrétien, c'est l'heure solennelle*, Mads Madsen dut se moucher dans sa manche à plusieurs reprises. À part la guimbarde de Petit Pedersen qui, rouillée depuis qu'il était passé, avec elle dans la poche, à travers la glace un jour d'automne, coinçait dans les *do* dièse et *si* bémol, tout cela sonna inhabituellement juste cette année-là.

Valfred s'endormit, un petit sourire aux lèvres et la

tête penchée sur l'épaule du Lieutenant Hansen. Le Lieutenant pour sa part était assis, droit et raide, la moustache vibrante et les petits pistolets noirs de ses yeux perdus dans le lointain. Museau, quant à lui, ayant un doigt dans chaque oreille et ses lunettes dans la poche de sa chemise, était à la fois sourd et aveugle, et ainsi bien protégé.

La scie de Doc, qui pouvait pratiquement tout transpercer, transperça donc la maison et s'en fut agresser les chiens. D'abord, ils se mirent à glapir, terrorisés, mais dès qu'ils se furent habitués aux sons, ils tournèrent leurs museaux vers le ciel et hurlèrent à vous en arracher des larmes, en suivant les sons du mieux qu'ils pouvaient. C'était si beau que Fjordur en laissa son tricot en cours tomber sur ses genoux pour chuchoter, les larmes aux yeux, à Petit Pedersen :

— Putain, c'que c'est solennel, Pedersen, quelle soirée !

On bissa *Mon beau sapin, roi des forêts,* une chanson qui plaisait particulièrement à Bjørken. Son arbre de Noël s'était révélé trop grand pour la salle principale de Cap Rumpel. On l'avait donc posé dehors, et on le voyait bien depuis la fenêtre. La bougie brûlait dans la nuit calme, et l'étoile en tôle scintillait plus qu'aucune de celles du Seigneur, étoile Polaire incluse.

Pendant le concert, le Comte avait mis la dernière main au dîner. Celui-ci sortait de l'ordinaire puisqu'il ne comportait pas de noms français et avait un goût de nourriture tout à fait identifiable. De minces tranches de viande de bœuf musqué, de la purée de pommes de terre et du chou rouge en conserve. Avec cela, des canards rôtis garnis de gelée de myrtille. « À la bonne franquette », comme disait le Comte, parce qu'un repas de Noël se devait d'avoir le goût des marmites de grand-mère. On termina par du riz aux amandes avec pour fève une amande entière qui bien sûr fut trouvée par Lasselille. Le cadeau de la fève était une bouteille de Mort Noire, offerte par Fjordur. La Mort Noire est une boisson traîtresse qui vous coupe les jambes même du plus aguerri. Dès le premier verre, Lasselille fut, comme on pouvait s'y attendre, aux anges, et dès le second pratiquement privé de l'usage de ses sens, état dont Bjørken profita pour lui chaparder une boîte de bougies de sa trousse à pharmacie.

Après le repas, on s'attacha à goûter tous les distillats de la maison. Puis on distribua les cadeaux. Au hasard en voici quelques-uns :

Lasselille offrit à Museau une paire d'antiques lunettes héritées de sa grand-mère suédoise. Elles étaient étroites et ovales et d'une puissance telle que Museau en eut le vertige dès qu'il les posa sur son nez. Mais c'étaient des lunettes à travers lesquelles il pouvait contempler le monde, bien que de manière un peu floue. Museau était visiblement très ému.

— Ces lunettes, dit-il, c'est comme une demi-bouteille d'eau-de-vie.

Il les avait sur le nez et, voulant serrer la main de Lasselille, il écrasa longuement celle de Siverts, ce qui mit celui-ci dans l'embarras parce qu'il n'avait justement pas de cadeau pour Museau.

Le Lieutenant Hansen offrit à Valfred six mois de consommation de sardines à l'huile, et Valfred lui rendit ce geste avec un kilo et demi de gomina pour sa moustache.

Mortensen eut une poire à garnir des cartouches, deux livres de poudre noire et cinq cents cartouches vides en carton avec leurs boutons de liège. Ça faisait longtemps qu'il avait envie d'aller à la chasse aux oiseaux, maintenant il ne lui manquait plus que le fusil.

On gâta Doc avec une paire de molletières étanches de couleur verte, un bonnet doublé de fourrure pour ses tournées à vélo, et des moufles en peau de phoque avec un pouce en haut et un en bas. On se les était procurées au Cap Sud où William-le-Noir avait fait un voyage de visite.

De la part de Fjordur tout le monde reçut des serre-tête et des écharpes rouge sang qui étaient tellement longues qu'on pouvait les enrouler quatre fois autour du cou. Ils comprirent qu'il avait dû tricoter jour et nuit depuis le départ de la *Vesle Mari*.

Après la distribution, on eut besoin de se dégourdir les jambes et de se soulager dehors. Tout le monde sortit et se mit en rang d'oignons à bonne distance de la maison. Renversant la nuque en arrière, ils contemplèrent le ciel étoilé tout en se vidant avec de gros soupirs.

Seul Lasselille, ivre de Mort Noire, ivre de joie du Remington à un coup que Bjørken lui avait offert, et affecté de gloussements hystériques à la pensée de la délicieuse ambiance de la soirée, resta dans la maison pour ranger.

Il ramassa papiers et cartons et alla, d'un pas chancelant, jusqu'à la cuisinière. Au milieu des ordures se trouvaient les deux sachets de poudre noire de Mortensen. Lasselille chantonnait toujours *Mon beau sapin, roi des forêts* au moment où il souleva les rondelles et tassa les emballages sur les braises. Il était presque arrivé jusqu'à la fenêtre où il avait l'intention de contempler l'arbre de Noël de Bjørken, quand la station de Cap Rumpel disparut.

Une violente langue de flammes dégonda toutes les portes de la cuisinière, en avançant avec un hurlement strident. Elle traversa le plafond comme la flamme d'un chalumeau, transperçant au passage un carton de douze bâtons de dynamite qu'utilisait Doc, dans des cas extrêmes, pour jauger la glace.

La poudre et la dynamite se réunirent en un immense souffle qui poussa les murs de la maison et renversa comme des quilles la rangée de chasseurs en train de pisser. Lasselille partit comme une fusée lors d'un feu d'artifice une nuit de Saint-Sylvestre par-dessus ses collègues. Il rasa l'arbre de Noël curieusement resté debout, et atterrit tête la première dans une congère durcie par le vent.

La déflagration eut un effet anesthésiant sur les hommes, et il leur fallut un bon bout de temps avant de commencer à se relever. Petit Pedersen regarda vers la maison mais ne vit rien.

— Dis donc, où elle est passée ? demanda-t-il, étonné.

Tous regardaient, mais personne ne voyait rien. Bjørken tomba à genoux.

— Lasselille, murmura-t-il, où est passé Lasselille ?

— Dans le meilleur des cas, il s'est transformé en chair à saucisse avec une telle explosion, grogna Fjordur.

Bjørken triturait ses longs doigts en pleurant désespérément.

— Ce cher garçon, ce petit imbécile stupide...

Il sanglotait et gémissait et tous comprirent la grande place que Lasselille avait occupée dans son cœur.

Museau installa ses lunettes de grand-mère sur son nez et commença à tourner dans la neige. Mads Madsen aida Bjørken endeuillé à se remettre debout et le suivit des yeux, inquiet, quand celui-ci se dirigea, le dos plus voûté que jamais, vers son arbre de Noël dont il enleva la bougie fixée dans l'étoile.

C'est Siverts qui aperçut le premier les jambes de Lasselille.

— V'là déjà l'arrière-train, déclara-t-il à ses amis.

— Dieu merci, répondit Mads Madsen, comme ça on a au moins quelque chose à renvoyer à sa vieille mère en Scanie.

À la plus grande joie de tous, ce fut la totalité de Lasselille qu'on parvint à extraire de la congère. Au bout d'un certain temps qu'on l'appelait et qu'on lui tapotait les joues, il recouvra ses esprits. Il regarda d'un air hébété droit dans la grosse figure de Fjordur et chuchota d'une voix rauque :

— Eh ben dis donc, Fjordur, elle était vraiment forte, la Mort Noire !

— Ouais, j' l'ai pas mal réussie cette fois-ci, admit modestement Fjordur.

— J'ai juste pris une gorgée près de la cuisinière, et puis après...

Lasselille ferma les yeux dans un violent effort de mémoire.

— Que faisais-tu près de la cuisinière ? demanda Volmersen avec gentillesse.

— J' l'ai bourrée de papier d'emballage et tout ça, répondit Lasselille.

Il rouvrit les yeux et regarda l'avocat d'un air candide.

Volmersen hocha la tête. Il avait saisi ce que recouvrait le « et tout ça ».

Mortensen posa une main sur l'épaule du jeune chasseur.

— Ben oui, mon petit Lasselille. Ce qui est arrivé est arrivé. Probable qu'on pourra se passer du sans-fil pendant l'année qui vient. De toute façon, Doc et moi on avait pas mal de vacances à rattraper, on peut les prendre maintenant qu'on est au chômage technique.

— J'ai fait quelque chose qu'il fallait pas ?

Lasselille regardait, d'un air interrogateur, autour de lui. Ce qu'il lut sur les visages graves le plongea instantanément dans une profonde dépression. On le remit sur ses jambes, et, guidé par Museau, on le ramena auprès de Bjørken. Ce dernier était resté près de son arbre de Noël à mâcher convulsivement la bougie de l'étoile. Il sourit avec gentillesse à son ancien apprenti, finit de déglutir et dit, d'une voix douce :

— Tu salueras ton docteur Phinkelphog de ma part et tu lui diras que c'est qu'un fumiste et que les bougies rouges contre la dépression, c'est qu'un gros bobard.

Il fila une bougie à Lasselille.

— Tiens, mon garçon, essaye ça et tu verras que j'ai raison, y a que les bougies blanches pour soulager les humeurs sombres.

Lasselille hocha la tête, docile. Il mordit un gros bout de la bougie et se mit à mâcher, pour voir. Puis son visage triste s'illumina d'un éblouissant sourire.

— Alors, là, Bjørk, c'est vraiment...

— Oui, n'est-ce pas ? Et joyeux Noël, mon ami, ronronna Bjørken. Joyeux Noël à toi et à vous tous.

Table

Herbjørg Wassmo

Les limons vides

Matricide, maudite, exclue, sauvage et libre, Dina arrachera au destin le droit de vivre en défiant les hommes, les éléments, les bêtes et leslecteurs jusqu'à l'étourdissement. Une trilogie intense et fascinante sur la vie d'une femme qui côtoie la mort à chaque pas. Outre cette saga bouleversante, on trouve dans ce poème épique un tableau de la Norvège au siècle dernier où les paysages extraordinaires et la société de l'époque sont peints avec une abondance de couleurs et de métaphores. Lyrisme et cruauté,violence et sensualité s'enlacent dans de terribles noces. Un requiem qui la dernière page tournée, insuffle sa force et sa vérité.

n° 3231 – 6 €

DOMAINE ÉTRANGER, DES ROMANS D'AILLEURS ET D'AUJOURD'HUI

Impression réalisée sur Presse Offset par

BRODARD & TAUPIN

GROUPE CPI

La Flèche (Sarthe), 27845
N° d'édition : 3318
Dépôt légal : janvier 2002
Nouveau tirage : janvier 2005

Imprimé en France